Abenteuer mit Kindern
L'aventure avec des enfants

D1721571

Ralph Bernet

Abenteuer mit Kindern
L'aventure avec des enfants

30 spannende Erlebnis-Ausflüge

30 excursions passionnantes

CIP-Einheitsaufnahme
Abenteuer mit Kindern:
30 spannende Erlebnis-Ausflüge/
Ralph Bernet – 1. Auflage
Zug: Edition Lan AG, 2005
ISBN 3-906691-24-1
NE: Ralph Bernet

ISBN 3-906691-24-1
© 2005 by Edition Lan AG
CH-6304 Zug, www.editionlan.com
1. Auflage 2005

Korrektorat: Carsten Zuege
Kartografie: Andreas Zessiger, Philipp
Maropolus, Sämi Spörri
Franz. Übersetzung: Sandrine Collet

Remerciements: Un grand merci à
toutes les personnes qui ont contri-
bué à la réalisation de ce livre.

ISBN 3-906691-24-1
© 2005 Edition Lan AG,
CH-6304 Zoug, Suisse
www.editionlan.com

1ère édition 2005

Traduction française: Sandrine Collet
Printed in Italy by Printer Trento s.r.l.

Liebe Leser

Bei Abenteuern denkt man wohl an den Yukon in Alaska, die riesigen Wälder im Amazonasgebiet oder an Bergsteiger-Expeditionen im Himalaja. Was viele nicht wissen: Nur wenige Kilometer abseits der Ballungszentren können auch in der Schweiz spannende Abenteuer erlebt werden. Hierzulande gibt es schwankende Hängebrücken, dunkle Höhlen, verlassene Festungen. Übernachten lässt es sich nicht nur im Viersternehotel, auch im Stroh, im Indianertipi oder gar im Iglu. Wer das Abenteuer sucht, wird es finden. Dieses Buch soll dabei helfen, die wirklich spannenden Erlebnisse für Familien mit Kindern aufzuspüren. Wandern mit Kindern kann grossen Spass machen, wenn die Rahmenbedingungen stimmen – es kann aber auch zu einem kleinen Alptraum werden.

«Abenteuer mit Kindern» liefert wertvolle Tipps und Informationen, damit der Familienausflug am Wochenende oder in den Ferien auch wirklich gelingt.

Ich wünsche Ihrer Familie abenteuerliche und erlebnisreiche Tage in der Schweiz.

Ronald Gohl, Verleger

Cher lecteur,

Qui entend le mot «aventure» pense automatiquement aux Yukon d'Alaska, aux gigantesques forêts d'Amazonie ou aux expéditions dans l'Himalaya. Mais peu de gens savent qu'il est possible de vivre des aventures passionnantes en Suisse, à seulement quelques kilomètres des zones urbaines. Il existe en effet, dans notre pays, des ponts suspendus, des grottes et cavités mystérieuses, des forteresses abandonnées. Dormir? oui, mais pas uniquement dans un hôtel quatre étoiles! Passer une nuit sur la paille, dans un tipi d'indien ou même dans un igloo sont des moments inoubliables. Celui qui cherche l'aventure la trouvera assurément. Ce livre est destiné à aider le lecteur à découvrir les vraies excursions passionnantes à vivre en famille.

«L'aventure avec des enfants» apporte de précieux conseils et informations, pour que les excursions familiales en fin de semaine ou en vacances soient vraiment réussies.

Je souhaite à votre famille de belles journées d'aventures enrichissantes en Suisse.

Ronald Gohl, éditeur

Table des matières

Ausflüge mit Kindern

Jede Menge Spass für Gross und Klein

Plaisir assuré pour petits et grands

■ «Mir ist langweilig ...» Wer kennt nicht diesen Ausspruch eines Dreikäsehochs während der sonntäglichen Wanderung durch die schöne Natur? «Wir gehen weiter ...», lautet die strenge Antwort, und kurz darauf hängt der Familiensegen schief. Der Herr Sohnemann setzt sich auf einen Stein und verweigert die weitere

■ «Je m'ennuie ...» Qui ne connaît pas cette remarque jaillissant de la bouche des petits durant les randonnées dominicales à travers notre belle nature? «On arrive bientôt ...», rétorquent les parents d'un ton sévère, avant que le bonheur familial n'en prenne un coup. Le fiston s'assied sur une pierre et refuse d'exécu-

Anstatt eine Wanderung, mal ins Schweizer Kindermuseum.

Plutôt qu'une balade, une visite au Musée Suisse des Enfants.

Excursions avec enfants

Teilnahme am Familienglück. «Dann gehen wir eben allein weiter ...», kontert die Mutter und provoziert damit einen Tobsuchtsanfall, welcher die Aufmerksamkeit anderer Wanderer auf sich zieht. Damit wandelt sich der Aufenthalt in der freien Natur vollends zur Tortur.

Schluss mit lustig?

Viel Action auf dem Erlebnisweg.
Beaucoup d'action en chemin.

■ So spielt es sich zwar nicht immer ab, doch Eltern kennen das Problem. Wer Ausflüge und Wanderungen mit Kindern unternimmt, der weiss, dass allein die schöne Natur oder Bergwelt keine Kinderherzen begeistern wird. Deshalb kommt es vor oder während der Wanderung auch immer wieder zu unliebsamen Quängeleien, welche den sonntäglichen Familienfrieden stören.

■ Kinder sehen die Welt mit anderen Augen. Sie brauchen eine Burg, eine Höhle, einen Aussichtsturm, einen See zum Baden oder kleine Abenteuer – und plötzlich wird die sonntägliche «Tortur» zu einem Vergnügen für die ganze Familie. Dies haben auch mehrere Ausflugsdestinationen erkannt – entsprechend gross ist die Palette an Ideen. Sie reicht vom Zwergenweg über die Staumauerbesichtigung bis zur plauschigen Trottiabfahrt nach einer lohnenden Wanderung.

■ Bei allen 30 Ausflügen in diesem Buch steht immer die Wanderung im Mittelpunkt des Unternehmens – die abenteuerlichen Erlebnisse unterwegs machen den Ausflug für Kinder lohnenswert und tragen dazu bei,

ter un pas de plus. «Dans ce cas, nous poursuivrons tout seuls ...» riposte la mère, provoquant ainsi un accès de fureur chez son rejeton, qui attire également l'attention des autres randonneurs. C'est ainsi que quelques heures dans la nature peuvent se transformer en véritable calvaire.

■ La chose ne se déroule bien évidemment pas toujours ainsi, pourtant les parents connaissent ce problème. Celui qui décide d'entreprendre des excursions et randonnées avec des enfants doit savoir que seule la nature ne saura pas enthousiasmer le cœur des bambins.

■ Les enfants voient le monde avec des yeux différents. Ils ont besoin d'un château fort, de grottes, d'une tour panoramique, d'un lac pour la baignade ou d'une petite aventure et la «torture» dominicale se transformera en un véritable plaisir.

De nombreux sites ont déjà réalisé

Abenteuer mit Kindern: 30 spannende Erlebnis-Ausflüge für die ganze Familie. Jede Nummer verweist auf die entsprechende Seite!

La randonnée avec des enfants: 30 propositions captivantes pour toute la famille. Chaque numéro se reporte à la page correspondante.

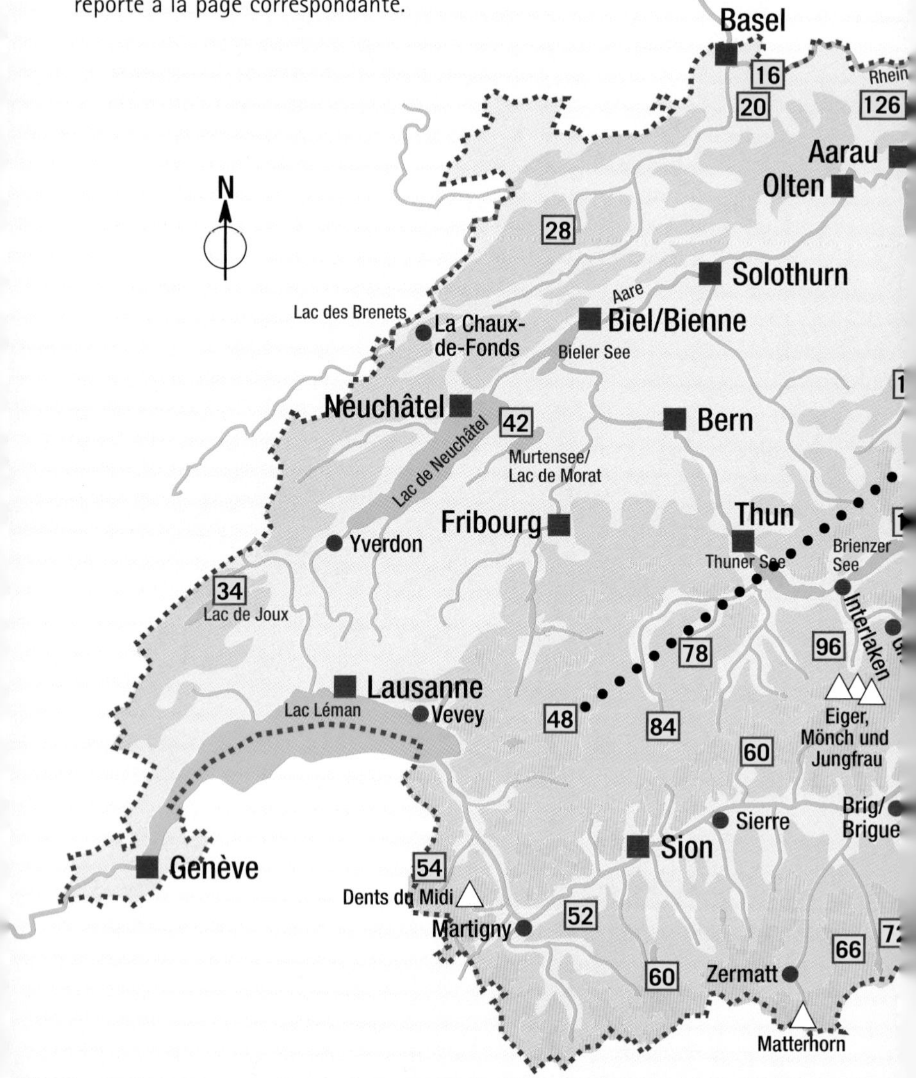

N

Basel
16
20
Rhein
126

Aarau
Olten

28

Solothurn

Aare

Lac des Brenets
La Chaux-de-Fonds
Biel/Bienne
Bieler See

Neuchâtel
42
Bern

Lac de Neuchâtel
Murtensee/
Lac de Morat

Thun

Fribourg
Thuner See
Brienzer See

Yverdon

Interlaken

34
Lac de Joux

78
96

Lausanne
48
84
Eiger,
Mönch und
Jungfrau

Lac Léman
Vevey
60

Sierre
Brig/
Brigue

Sion

Genève
54
Dents du Midi
52

Martigny

60
Zermatt
66
7

Matterhorn

Schaffhausen

Hochrhein

Frauenfeld

Winterthur

Greifensee

132

136

Säntis △

Zürichsee

Zürich

Zürcher See

Obersee

Zug

Ägerisee

Zuger See

Walensee

142

Luzern

Schwyz

Vierwaldstätter See

Glarus

Sargans

148

Tödi △

Chur

Davos

Scuol

Engelberg

154

Titlis △

Sedrun

162

148

St. Moritz

Silsersee

182

174

Piz Bernina △

166

Locarno

Bellinzona

Lago di Lugano

Lugano

Lago Maggiore

Waadt

La Braye / Château-d'Oex

Kinderparadies mit Schatztruhen

Un paradis pour les enfants

Mit der Seilbahn, unter den Gummifüß, ist das Bärgböckliren ...

Un téléphérique pour rejoindre les ponts suspendus.

48   FreizeitSpass

Vaud

La Braye / Château-d'Oex

Le Mike Horn Family

INFO

Tritt: Downhill bis Pra-Perron.
Descente Jump's Pra-Perron.

FreizeitSpass   49

Ausflüge mit Kindern

den Familiensegen zu erhalten. Tolle Erlebnisse und spannende Attraktionen auf der Tour garantieren jede Menge Spass für Gross und Klein. Zudem bietet dieses Buch zahlreiche nützliche Tipps für unterwegs.

Erlebnisreich statt stumpfsinnig

■ Durch einige Kapitel führt uns die Familie Mauerhofer – Vater Richard, Mutter Annette und ihre beiden Söhne Mikel (13) und Julian (8) zeigen, dass es auch anders geht. So wird jede Wanderung zu einem echten Familienhöhepunkt.

■ Einige Regeln sind dabei allerdings schon zu beachten. Wer zum Beispiel glaubt, seine Kids mit einer anstrengenden Wanderung fordern zu müssen, braucht sich nicht zu wundern, dass diese schon meckern, wenn bloss eine Tour vorgeschlagen wird. Stumpfsinniges und im Sommer anstrengendes Bergaufwandern liegt nicht in der Natur der Kinder. Noch unsinniger ist es wohl, parallel zu einer Bergbahn aufzusteigen. Warum

Gewusst wo: Erlebnisse am Weg.
Des sensations fortes en chemin.

cette problématique et la palette d'idées est devenue relativement large. Il existe de tout: du chemin des nains à la visite d'un barrage, en passant par une descente en trottinette clôturant une randonnée enrichissante.

■ Les 30 suggestions présentées dans ce livre mettent toujours une randonnée en point de mire. Une aventure en chemin rend ces excursions intéressantes pour les enfants. Des expériences fantastiques et des attractions passionnantes garantissent aux petits et grands un plaisir incomparable. En outre, ce livre apporte de nombreux conseils pour le bon déroulement de la journée.

Des conseils pour la route

■ Dans quelques chapitres, la famille Mauerhofer – Richard, le père, Annette, la mère et leurs deux fils Michel (13) et Julien (8) – nous montre à quoi le bonheur familial peut ressembler.

■ Quelques règles doivent pourtant être respectées. Les randonnées en montagne abrutissantes et astreignantes, notamment en plein été, ne sont pas dans la nature des enfants. Monter le long d'une voie de chemin de fer de montagne est encore plus ridicule, puisque la raison pour ne pas prendre le petit train dépasse souvent l'entendement des enfants. Des petites montées, entre 100 et 300 mètres, sont par contre volontiers entreprises, s'il y a quelque chose d'intéressant au sommet. Il peut même arriver que les petits

Excursions avec enfants

Welches Kind träumt nicht davon, einmal selbst Forscher zu sein?

Quel enfant ne rêve pas d'être, une fois lui-même, un aventurier?

Erlebniswege fördern den Familiengeist und bereiten allen Spass.

Les chemins aventuriers favorisent l'esprit de famille dans la joie.

Ausflüge mit Kindern

Trottiplausch nach der Wanderung – da kommen auch 13-jährige mit!

Descente en trottinette après la randonnée, les jeunes adorent!

man nicht mit dem «Bähnli» fährt, geht selten in den Kopf eines Kindes. Abwärts wärs doch viel lustiger (und vermutlich auch friedlicher) zu und her gegangen. Kleinere Aufstiege von 100 bis 300 Meter werden dagegen gern in Kauf genommen, wenn es dabei etwas zu entdecken gibt. So kommt es, dass der kleine Spross mit grossem Tempo voranläuft, um möglichst schnell zum nächsten Erlebnisposten zu gelangen – und dabei ganz vergisst, dass es ja eigentlich ziemlich anstrengend bergauf geht. So laufen die Füsse dann oft ganz von allein.

■ Ebenso wichtig ist es, genügend Zeit und Pausen einzuplanen. Kinder möchten auf Wanderungen auch viel trinken, kalter Tee ist oft besser als klebrige Limonade. Und was wäre ein

marchent devant avec entrain, afin de découvrir au plus vite le prochain poste d'aventure, oubliant que le chemin est relativement astreignant et pentu.

■ Il est également important de planifier assez de temps et de nombreuses pauses. Les enfants boivent volontiers en randonnée, le thé froid est mieux adapté que la limonade sucrée. Que serait une excursion en famille sans pique-nique ou grillade? Les restaurants – où il faut se tenir tranquilles – paraissent bien ennuyeux à côté d'une bonne saucisse grillée sur le feu.

■ Une randonnée avec des enfants ne doit pas ressembler à un marathon – trois heures à trois heures et demie sont la limite absolue à ne pas dépasser, même avec un jeune de

Fotos: Daniel Kaysel, Ronald Gohl, Walter Zehnder,

Excursions avec enfants

Familienausflug ohne Picknick oder Feuerstelle. Bergrestaurants sind dagegen «langweilig» – lieber eine angekokelte Wurst statt einer Berner Platte, besser herumtollen am Bach statt brav dasitzen und sich benehmen.

Wichtige Tipps für unterwegs

■ Eine Wanderung mit Kindern sollte kein Marathon sein – drei bis dreieinhalb Stunden sind eine absolute Obergrenze, selbst mit 13-jährigen. Mit kleineren Kindern kommt man oft nur langsam voran, dort sollte nochmals die Hälfte der in den Boxen angegebenen Wanderzeiten hinzuaddiert werden. Das eigentliche Ziel ist der Weg, und je mehr es unterwegs zu entdecken und zu erleben gibt, desto mehr vergessen die Kids, dass das Wandern vielleicht bloss eine uncoole Erwachsenenidee ist. Wenns bergauf geht, sollte ein Kind vorangehen, umgekehrt beim Bergabgehen. Viele Rabauken neigen dazu, den Weg hinunter zu rennen, was zu Unfällen führen kann. Wichtige Equipments sind gute, rutschfeste Schuhe mit Profilsohle und eine Schirmmütze als Sonnenschutz. Eine Mini-Apotheke mit Pflaster, Verband und Salbe gehört in den Rucksack der Eltern. Nie bei Gewittergefahr losziehen – immer vorher den Wetterbericht hören und die Wanderung gut planen!
■ Wer sich alle diese Tipps zu Herzen nimmt, wird den Familiensonntag sicherlich in vollen Zügen geniessen können!

13 ans. Nous progressons souvent plus lentement en compagnie de petits enfants, c'est pourquoi il est bon d'ajouter la moitié du temps de randonnée indiqué dans les encarts. En montée, les bambins devraient marcher devant et derrière en descente. Beaucoup d'enfants ont tendance à courir dans la pente, ce qui peut conduire à un accident. L'équipement indispensable pour toute sortie en montagne est composé de bonnes chaussures à semelles profilées – ce qui évite de glisser – d'une casquette et d'une protection solaire. Une minipharmacie, composée de sparadraps, bandages et crème devrait être placée dans le sac à dos des parents. Ne pas se mettre en route lorsque l'orage menace – toujours prendre connaissance des conditions météorologiques avant la randonnée et bien planifier la journée!
■ Celui qui prend ces conseils à cœur, savourera assurément de beaux dimanches en famille.

Im Märlizug zum Wanderweg.
Le train des contes: fabuleux.

Rheinabenteuer / Aargau

Durch die Schleusen zu den Römern
Deux écluses et une cité romaine

Mit dem Motorschiff «Stadt Basel» vorbei am Basler Münster.

Le bateau «Stadt Basel» qui passe devant la cathédrale.

■ Zwischen Basel und Holland verkehren auf dem Rhein imposante Schleppkähne und luxuriöse Passagierschiffe. Flussaufwärts ist wegen der zahlreichen Kraftwerke weniger Betrieb, dafür gehts durch zwei interessante Schleusen – übrigens die einzigen in der Schweiz.

Ein lehrreiches Spektakel

■ Sehr beliebt sind auf dem Rhein die vier Schiffe der Basler Personenschifffahrt – darunter auch das su-

■ D'imposants chalands et de luxurieux bateaux servant au transport de passagers, circulent sur le Rhin entre Bâle et la Hollande. En revanche, en amont, le trafic fluvial est moindre à cause des nombreuses centrales hydrauliques qui jalonnent le fleuve. Deux intéressantes écluses, qui sont d'ailleurs les seules de Suisse, rendent également le passage difficile. Les navires doivent franchir un dénivelé de 8 mètres, provoqué par la création d'une centrale au fil de l'eau.

Aventure sur le Rhin / Argovie

permoderne, 66 Meter lange und 465 Tonnen schwere Flaggschiff «Christoph Merian» –, die zwischen Basel und Rheinfelden verkehren und dabei die Schleusen in Birsfelden und Kaiseraugst durchqueren – ein lehrreiches und spannendes Spektakel.

◼ Unser Ausflug beginnt an der Schifflände von Basel, die wir vom Hauptbahnhof mit dem Tram Nr. 8 erreichen. Wegen den beiden Schleusen dauert die Fahrt mit dem Schiff gut zwei Stunden (der Zug benötigt für die gleiche Strecke lediglich elf Minuten). Von der Lände in Rheinfelden spazieren wir flussabwärts durchs Salmentörli und an der Cardinal-Brauerei vorbei bis zum Strandbad. Von Mitte September bis

INFO

◼ **Hin und zurück mit öV**
Von Basel nehmen wir das Schiff bis Rheinfelden, zurück ab Augst nach Basel fahren wir mit dem Bus Nr. 83 oder mit dem Schiff (Kursbuchfelder 3700 und 500.15).
◼ **Anreise mit dem Auto**
In der Stadt Basel kann in verschiedenen Parkhäusern (teuer) das Auto abgestellt werden.
◼ **Idealalter**
Kids ab ca. 6 Jahren.
◼ **Zeitaufwand**
Rund eindreiviertel Stunden Wanderzeit, inklusive Rheinschiffsfahrt, Baden und Augusta Raurica sollte man gut sechs Stunden einplanen.
◼ **Höhenmeter**
Praktisch eben.
◼ **Verpflegung**
Auf dem Schiff oder Picknick mitnehmen.
◼ **Auskünfte und Prospekte**
Basler Personenschifffahrt Tel. 061 639 95 00 www.bpg.ch

Un spectacle qui nous en dit long

◼ Les quatre bateaux de la compagnie de transport fluvial bâloise circulant sur le Rhin sont très prisés – particulièrement son fleuron, le «Christoph Merian», un bateau très

Heben und Senken des Schiffes.
Un bateau dans l'écluse.

moderne de 66 mètres de long. Ces navires circulent entre Bâle et Rheinfelden et doivent ainsi passer les deux écluses de Birsfelden et Kaiseraugst – un spectacle intéressant et captivant.

◼ Notre excursion débute au débarcadère de Bâle, que nous atteignons depuis la gare principale en tramway (numéro 8). Du fait de la présence de ces deux écluses, la croisière dure deux bonnes heures, alors que le train parcourt la même distance en

Rheinabenteuer / Aargau

Mitte Mai spazieren wir durch die geschlossene Badeanstalt. In der übrigen Zeit machen wir hoffentlich einen Abstecher ins kühle Nass des Freibades, oder wir tummeln uns im Rhein. Nachdem sich unsere Kids von der willkommenen Abkühlung trennen konnten, gehts weiter durch den Wald und alles dem Rheinufer entlang.

Wir drehen das Rad zurück

Ein spannender Höhepunkt wartet schliesslich noch auf uns: nämlich das Amphitheater in Augst. Das markante Bauwerk aus der Römerzeit (200 n.Chr.) ist die besterhaltenste antike Anlage ihrer Art nördlich der Alpen. Bis 2007 kann das Innere des Theaters allerdings nicht betreten werden, da umfangreiche Sanierungsarbeiten die Anlage vor dem Einsturz sichern. Umso interessanter ist es im Römermuseum, wo ab 2004 der gesamte Silberschatz ausgestellt ist – und das auch einen guten Eindruck vom Leben der Römer vermittelt. Selbst aktuelle Ausgrabungen

Bordleben auf der «Chr. Merian».
La vie à bord du «Chr. Merian».

INFO

■ **Transports publics**
Depuis l'embarcadère de Bâle, prendre le bateau jusqu'à Rheinfelden. Depuis Augst, retour à Bâle en bus numéro 83 ou en bateau (indicateur CFF pos. 3700 et 500.15).
■ **Trajet en voiture**
La ville de Bâle dispose de plusieurs parkings, qui sont toutefois relativement chers.
■ **Âge idéal**
Enfants dès 6 ans.
■ **Durée**
Environ quarante-cinq minutes de marche. En comptant la croisière, la baignade et la visite d'Augusta Raurica, il faut prévoir six bonnes heures.
■ **Dénivelé**
Pratiquement plat.
■ **Boire et manger**
Sur le bateau ou pique-nique.
■ **Renseignements et prospectus**
*Compagnie de navigation bâloise
Tél. 061 639 95 00
www.bpg.ch*

seulement 11 minutes. Depuis le débarcadère de Rheinfelden, nous redescendons le fleuve en passant par la porte Salmentörli et la brasserie de Cardinal avant d'atteindre une piscine. Nous profitons avec délectation d'un bon rafraîchissement, que ce soit dans les eaux du bassin ou dans celles du Rhin. Après avoir réussi à convaincre nos enfants de poursuivre l'aventure, nous reprenons notre route qui longe la rive du fleuve. Une visite captivante nous attend: Augusta Raurica à Augst. L'amphithéâtre, datant de l'époque romaine (200 ap. JC.), est le site antique le mieux conservé en son genre au nord des Alpes. Le musée

Fotos: Vally und Ronald Gohl, Ursi Schmid

Aventure sur le Rhin / Argovie

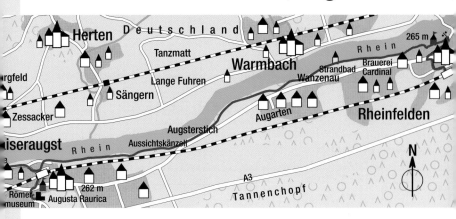

können werktags von April bis September jeweils ab 11.30 Uhr (fallweise je nach Grabungsprogramm) verfolgt werden.

Nachdem wir das Rad der Geschichte zurückgedreht haben, empfängt uns wieder der Alltag. Wir spazieren hinüber zum Schiffssteg bei der Schleuse Kaiseraugst und fahren mit dem nächsten Schiff zurück nach Basel. Schneller gehts natürlich mit dem Bus der Linie 83 – aber auf dem Wasser ist es doch viel schöner ...

Imposant: das szenische Theater der Römerstadt Augusta Raurica.

romain est passionnant. Les travaux de fouille actuels peuvent être suivis à 11h30 les jours ouvrables (en fonction du programme de fouille). Après avoir remonté l'horloge du temps, nous marchons jusqu'à l'embarcadère qui se situe vers l'écluse de Kaiseraugst et rejoignons Bâle en bateau.

■ Il serait également possible de prendre le bus no 83. Le voyage serait ainsi plus rapide, mais bien moins beau que sur l'eau.

Imposant: l'amphithéâtre de la ville romaine d'Augst.

Arlesheim / Birseck

«Räuberlis» und Verstecken in Höhlen und Burgen

Parties de cache-cache passionnantes

Abenteuerliche Burgruinen, geheimnisvolle Höhlen, interessante Geschichten zum Erzählen – welches Kind lässt sich hiervon nicht begeistern? Fahren wir dazu in den nordwestlichsten Zipfel der Schweiz und erkunden im basellandschaftlichen Birseck gleich eine ganze Reihe von Burgen und Höhlen, die über einen spannenden Weg miteinander verbunden sind.

Zu den Hohlen Felsen

Wir beginnen unsere Burgenwanderung mit einer Tramfahrt, der «10er» bringt uns vom Bahnhof SBB

Die Ritterburg Reichenstein oberhalb von Arlesheim ist noch intakt.

Grottes mystérieuses, ruines de châteaux forts, récits d'aventures captivantes – quel enfant pourrait ne pas s'enthousiasmer face à de telles perspectives? Birseck, dans le canton de Bâle campagne, recèle une série de châteaux forts et grottes, reliés par d'excitants chemins.

Ascension au–dessus d'Arlesheim

Nous débutons notre aventure par une course en tramway, le numéro 10, menant de la gare à l'arrêt «Brown Boveri». Là, commence notre première ascension. Nous passons sur le pont, puis à travers un lotisse-

Le château de Reichenstein, en dessus d'Arlesheim, est encore intact.

Arlesheim / Birseck

Geheimnisvolle Höhleneingänge.
Mystérieuses entrées de cavités.

INFO

■ **Transports publics**
De la gare principale de Bâle, circule le tramway no 10 jusqu'à l'arrêt «Brown Boveri». Retour en car postal, puis tramway no 10 depuis Dornach (indicateur CFF pos. 505 et 505.20).
■ **Trajet en voiture**
De Bâle, nous passons par Birseck pour rejoindre Arlesheim (possibilité de stationnement dans le village). Prendre le tram no 10 en direction de Bâle jusqu'à l'arrêt «Brown Boveri».
■ **Âge idéal**
Enfants dès 6 ans qui marchent volontiers.
■ **Durée**
Environ trois heures de randonnée (possibilité de raccourci après Arlesheim). En comptant la visite des cavités et des ruines, il faut planifier au moins cinq heures.
■ **Dénivelé**
*352 m en montée,
296 m en descente.*
■ **Boire et manger**
Pique-nique.
■ **Renseignements et prospectus**
*Commune de Dornach, 4143 Dornach
Tél. 061 706 25 00
www.dornach-tourismus.ch*

bis zur Haltestelle Brown Boveri. Dort beginnt unser erster Aufstieg. Zunächst gehts auf einer Brücke über die Tramstrecke, anschliessend durch Einfamilienhaussiedlungen und über die Strasse hinauf zum Wald. Wir folgen nun dem Waldrand (Spazierweg im Wald, nicht die parallel dazu verlaufende Strasse benützen) über Spitalholz bis zum Rebberg über den Dächern von Arlesheim. Nachdem wir einigen noblen Villen in die Gärten geschaut haben, nehmen wir den steilen Aufstieg zu den Hohlen Felsen – einem idealer Rastplatz mit Feuerstelle und drei kleinen Höhlen, welche von der Jungmannschaft erkundet werden können – in Angriff. Hier lässt sich doch wunderbar «Räuberlis» und Verstecken spielen. Gönnen wir uns und unseren Kindern diese wohlver-

ment pour rejoindre l'orée de la forêt. Nous suivons cette dernière (emprunter le chemin dans la forêt et non la route parallèle), passons par Spitalholz et marchons jusqu'aux vignes perchées au-dessus des toits d'Arlesheim.

Aux Roches creuses

■ Nous longeons les jardins de quelques villas cossues, avant d'entamer la raide montée menant aux «Roches creuses» – une aire de repos idéale,

Arlesheim / Birseck

INFO

■ **Hin und zurück mit öV**
*Direkt vom Hauptbahnhof Basel ver-
kehrt das gelbe Tram der Linie 10 bis
zur Haltestelle Brown Boveri.
Rückfahrt mit Postauto und «10er»
ab Dornach (Kursbuchfelder 505 und
505.20).*

■ **Anreise mit dem Auto**
*Von Basel durchs Birseck bis Arles-
heim (Parkmöglichkeiten im Dorf).
Anschliessend mit dem Tram der
Linie 10 in Richtung Basel bis zur
Haltestelle Brown Boveri.*

■ **Idealalter**
*Kinder ab ca. 6 Jahren, die auch län-
ger wandern können.*

■ **Zeitaufwand**
*Rund drei Stunden Wanderzeit
(Abkürzungsmöglichkeit nach
Arlesheim in der Ermitage), inklusive
Erkunden der Höhlen und Ruinen
sollte man mindestens fünf Stunden
einrechnen.*

■ **Höhenmeter**
352 m bergauf, 296 m bergab.

■ **Verpflegung**
Aus dem Rucksack.

■ **Auskünfte und Prospekte**
*Gemeinde Dornach, 4143 Dornach
Tel. 061 706 25 00
www.dornach-tourismus.ch*

diente Pause. Auf der Feuerstelle vor
den Höhlen brutzelt schon das Feuer,
und die Würste duften herrlich.

■ Die Hohlen Felsen waren einst Teil
einer ausgeklügelten Wehranlage
zwischen Reichenstein und Birseck.
Vom Höhlenfenster aus konnten sich
Reichensteiner und Birsecker durch
Rufe und Zeichen verständigen. Das
schwere Erdbeben vom 18. Oktober
1356 zerstörte die Wehranlagen zwischen den Hohlen Felsen und der
Burg Reichenstein – sehr unange-
nehm im kriegerischen Mittelalter.

Oben: Romantische Ermitage.
Unten: Höhlengänge im Birseck.

Haut: le romantique Ermitage.
Bas: sortie d'une cavité à Birseck.

Von Burg zu Burg

■ Frisch gestärkt nehmen wir die letzte Steigung bis zur Burg Reichenstein. Diese gehört heute der Gemeinde Arlesheim und kann für Gesellschaftsanlässe gemietet werden. Die Innenräume lassen sich leider nicht besichtigen.

avec foyer pour les grillades et trois cavités que nos bambins pourront sonder à loisir. Quel endroit fantastique pour jouer aux gendarmes et aux voleurs!

■ Les «Roches creuses» faisaient autrefois partie d'une crête fortifiée qui reliait le château de Reichenstein à celui de Birseck. Un fort tremble-

Arlesheim / Birseck

Burgruine Dorneck

Pulverturm · Kapellenturm · Zwillingsturm · Wanderweg zum Schiesstand · um Rest. chlosshof · Ställe · Grosses Bollwerk · Sodschacht · Zentraler Hof · Halsgraben · Vorwerk · Hof der Vorburg · Kleines Bollwerk · Inneres Tor · Wohntrakt · Hexenturm · Mittleres Tor · Äusseres Tor · Rundturm · Zwingeranlage

Burg Dorneck: jeweils von Mitte März bis Mitte November geöffnet.

Château fort de Dorneck: ouvert de la mi-mars à la mi-novembre.

Noch vor hundert Jahren erhob sich über den Buchenwäldern Arlesheims die seit dem 18. Jahrhundert zerfallene Ruine Reichenstein. Heute findet man am gleichen Ort eine perfekt erhaltene Burg von ritterlichem Ausmass. Wie kam es dazu?

Der Wiederaufbau des Reichensteiner Stammsitzes begann im Jahre 1932 durch den damaligen Ciba-Verwaltungsratspräsidenten (heute Novartis) Dr. Jacques Brodbeck-Sandreuter, der sich die Burg zum Sommersitz ausbaute. Weil das Mauerwerk noch bis in die oberen Stockwerke erhalten war, dürfte das äussere Bild der Reichenstein ungefähr dem früheren entsprechen.

Bis zu unserer nächsten Burg sind es von hier aus nur wenige Minuten. Leider lässt sich auch die Schlossruine Birseck nur von aussen bewundern. Bis ins Jahr 2006 sollen die baufälligen und einsturzgefährdeten Burgmauern saniert werden; danach ist die Birseck wieder für die Öffent-

ment de terre, le 18 octobre 1356, en détruisit une partie.

De châteaux en châteaux

Après une pause bien méritée, nous montons au château de Reichenstein, dont il n'est malheureusement pas possible d'en effectuer la visite.

La reconstruction du berceau de la famille ministérielle de Reich débuta en 1932, grâce au Président du conseil d'administration de Ciba (aujourd'hui Novartis), le Dr Jacques Brodbeck-Sandreuter, qui transforma le château en résidence d'été. Comme la maçonnerie était encore intacte jusqu'aux étages supérieurs, l'image actuelle de l'édifice devrait être assez semblable à celle de jadis. Quelques minutes de marche nous séparent de la ruine de Birseck. Les murs délabrés du château seront rénovés d'ici 2006 pour permettre l'accès au public. Nous poursuivons

Arlesheim / Birseck

lichkeit zugänglich. Hinter den dicken Mauern war sogar einmal ein mittelalterlicher Papst zu Besuch.

Noch mehr Grotten

◾ Es folgt der wohl spannendste Abschnitt unserer Wanderung – der Abstieg über Spitzkehren, Felsenwege und Grotten in die Ermitage. Hier lassen sich gleich nochmals einige Höhlen erkunden – unsere Kids scheinen davon gar nicht genug zu bekommen! Der so genannte Englische Garten breitet sich über ein ganzes Tal aus. Im grossen Weiher lassen sich Fische beobachten, hoch oben thront die Schlossruine Birseck – Idylle pur.

◾ Beim zweiten, kleineren Weiher im hinteren Teil der Ermitage steht der zweite Aufstieg auf dem Programm. Wir steigen durch eine bewaldete Kerbe bis zum Grossacker hinauf und erreichen den Schlosshof hoch über dem Dorf Dornach. Auf der Sonnenterrasse des Restaurants geniessen wir nicht nur eine Erfrischung, sondern auch das Panorama über die Birstaler Riviera mit den Millionärsdörfern Arlesheim und Dornach. Das markante, zyklopische Gebäude von extraterrestrischem Aussehen, auf welches wir staunend hinabblicken, ist nicht von Ausserirdischen errichtet worden und gehört auch nicht zu von Dänikens Mysterie Park. Das Goetheanum gilt als Stammsitz der anthroposophischen Gesellschaft.

◾ Unser Interesse gilt mehr der Ruine Dorneck, die sich nur wenige

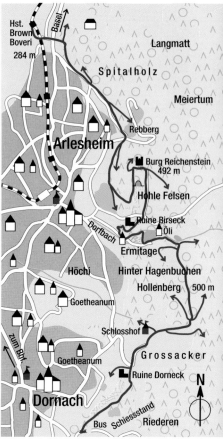

Blick von den Felsen auf Birseck.
Vue sur Birseck depuis les falaises.

Arlesheim / Birseck

Höhle mit Panorama-Ausguck.
Cavité avec vigie panoramique.

par la descente vers l'Ermitage. Il y a ici encore quelques cavités à sonder, pour le plus grand plaisir de nos enfants. Notre seconde ascension prend source près du petit étang situé dans la partie retirée de l'Ermitage. Nous grimpons à travers une faille boisée et atteignons la cour du château. Nous savourons un rafraîchissement sur la terrasse et jouissons du panorama sur la Riviera de Birstal. Le bâtiment aux allures extraterrestres que nous regardons avec fascination n'a pas été construit par des petits hommes verts et il n'appartient pas non plus au Mysterie Park de Däniken. Le Goetheanum, tel est son nom, est le berceau de la société anthroposophique.

Meter unterhalb des Schlosshofes befindet. Diese können wir endlich nach Herzenslust erkunden: den Turm besteigen, in dunkle Verliese spähen oder unsere sich hinter den vielen Mauern versteckenden Kinder suchen. Bis zu seinem Untergang am 2. März 1798 blieb das Schloss Dorneck eine gut ausgebaute Festung der Solothurner. Nach heftigem Beschuss (Kanonenkugeln stecken noch in den Mauern) fiel die Burg in die Hände der Franzosen, welche sie plünderten und niederbrannten.

■ Wir benützen schliesslich den Fussweg (nicht als Wanderweg ausgeschildert), der hinter der Ruine und unterhalb der Felsen zum Schiessstand bei Riederen führt. Dort steigen wir ins Postauto, welches zum Bahnhof Dornach fährt. Zurück nach Basel gelangen wir mit dem «10er».

Quel terrain de jeux!

■ Nous terminons notre excursion par la ruine de Dorneck, qui se trouve à quelques mètres de là. Quel terrain de jeux! Une tour, des oubliettes, un entre lacs de murs pour jouer à cache-cache. Jusqu'à son effondrement, le 2 mars 1798, le château de Dorneck était une forteresse soleuroise. Après un fort bombardement (des boulets de canon sont encore visibles), il tomba aux mains des Français, qui le pillèrent et le brûlèrent.

■ Nous empruntons finalement le sentier qui file derrière la ruine, pour mener sous les falaises, puis au stand de tir près de Riederen. Là, nous prenons le car postal pour rejoindre la gare de Dornach et enfin Bâle, grâce au tramway no 10.

Arlesheim / Birseck

In der Ruine Dorneck gibts tiefe
Verliese (Kerker) und hohe Türme.

La ruine de Dorneck comporte nombre d'oubliettes et de hautes tours.

Mit Ross und Wagen / Freiberge

Lustig ist das Zigeunerleben – Familienabenteuer im Planwagen

La vie des tziganes est agréable – aventure familiale en roulotte

■ Das hätte Familie Mauerhofer nicht gedacht, dass sie eines Tages noch lernt, was es bedeutet, Heu zu stecken und den Kehlriemen locker zu verschnallen. Dies alles wird den vier Familienmitgliedern an einem verlängerten Wochenende in den Freibergen beigebracht. Anschliessend dürfen sie selbstständig Ross und Wagen führen. Inmitten dieser malerischen Landschaft liegt auch

■ La famille Mauerhofer n'avait jamais imaginé savoir un jour ce que signifie préparer une litière de paille et harnacher un cheval. C'est lors d'un week-end prolongé dans les Franches-Montagnes qu'ils ont eu l'occasion d'apprendre ces gestes. Au cœur d'un paysage merveilleux, se trouve le lieu d'origine du «cheval suisse», le Franche-Montagne – un cheval particulièrement facile, robus-

Selber fahren im Planwagen – dabei schlägt jedes Kinderherz höher.

Etre soi-même le cocher d'une roulotte – un rêve pour chaque enfant.

Hue cheval, hue/Franches-Montagnes

INFO

◼ **Hin und zurück mit öV**
*Saicourt, das ursprüngliche Bauern-
dorf in der Juralandschaft, wird mit
der Bahn bis Reconvilier (Strecke
Biel–Delémont) und anschliessend
mit dem Postauto bis zur Station
Jura Sport erreicht (Kursbuchfelder
226 und 226.10).*
◼ **Anreise mit dem Auto**
*Von Biel über Tavannes nach
Reconvilier, dort links nach Saicourt
abzweigen.*
◼ **Idealalter**
Kinder ab mindestens 4 Jahren.
◼ **Zeitaufwand**
Zwei- bis Sechs-Tages-Touren.
◼ **Höhenmeter**
*Häufiges Auf und Ab – bei Steigun-
gen neben dem Wagen gehen!*
◼ **Verpflegung**
*Frühstück und Abendessen im Hotel,
Mittagessen an Picknickplätzen und
Feuerstellen.*
◼ **Auskünfte und Prospekte**
*Eurotrek AG, 8021 Zürich
Tel. 01 295 59 59
www.eurotrek.ch*

die Heimat des «Schweizer Fferdes» –
des Freibergers: ein äusserst genüg-
sames, robustes, gutmütiges und
schönes Pferd für Sport, Armee und
Landwirtschaft.

Mit Kennerblick

◼ Ausgangs- und Endpunkt dieses
Drei-Tages-Abenteuers ist der Pfer-
dehof der Familie Wyss in Saicourt.
Die Pferdeliebhaber führen nicht nur
das Unternehmen «Jura Sport», Dr.
Anton Wyss ist auch Tierarzt. Treffpunkt für die Mauerhofers ist um
12.00 Uhr in Saicourt. Die Familie
Wyss empfängt die Gäste herzlich.

te, docile et un beau spécimen pour
le sport, l'armée et l'agriculture.

Hue cheval, hue !

◼ Le point de départ et d'arrivée de
cette aventure de trois jours est l'é-
curie de la famille Wyss à Saicourt.
Ces amoureux des chevaux ne diri-
gent pas uniquement la société «Jura
Sport». En effet, le Dr Anton Wyss
est également vétérinaire. Le rendez-

Hurra, es geht bergab!
Youppie, on descend!

vous pour la famille Mauerhofer est
fixé à 12h00 à Saicourt. La famille
Wyss accueille chaleureusement ses
visiteurs, avant que Monsieur Wyss
ne remette aux novices une jument
calme, nommée Linda. Le vétérinaire
explique avec patience les gestes à
effectuer et il aide à harnacher
Linda. Le manuel que la famille
Mauerhofer a reçu au préalable, et
qu'ils ont également étudié, contient
lui aussi de précieuses instructions
concernant la conduite et le har-
nachement du cheval.

Mit Ross und Wagen / Freiberge

Im Stall machen Julian, Mikel und seine Eltern ihre erste Bekanntschaft mit den Pferden. Herr Wyss schätzt seine Gäste sofort richtig ein. Mit Kennerblick teilt er den Mauerhofers das ruhige Pferd Linda zu. Der Herr Doktor erklärt geduldig und hilft bei der ersten Beschirrung mit. Dabei weist er immer wieder auf die wichtigsten Punkte hin. Das Fahrhandbuch, welches die Mauerhofers schon vorher bekommen und studiert haben, enthält ebenfalls viel Wissenswertes über das Fahren und Beschirren der Pferde.

Im Planwagen über die Jurahöhen.
En roulotte à travers le beau Jura.

Hü, Pferdchen, hü

■ Linda ist eingespannt, die Taschen und das mitgebrachte Picknick im Wagen verstaut. «Kutscher» Mikel, er ist schon 13 Jahre alt und möchte für Linda verantwortlich sein, fasst nebst Kraftfutter und Putzsack noch eine Routenkarte, auf der die zu befahrenden Wege farbig markiert sind. Die ersten Schritte sind etwas ungewohnt, Linda zeigt sich jedoch gutmütig. Herr Wyss empfiehlt, dass

INFO

■ **Transports publics**
Saicourt, est atteignable en prenant le train jusqu'à Reconvilier (tronçon Bienne – Delémont) et finalement le car postal jusqu'à l'arrêt «Jura Sport» (Indicateur CFF pos. 226 et 226.10).
■ **Trajet en voiture**
De Bienne, via Tavannes puis Reconvilier. De là, partir à gauche direction Saicourt.
■ **Âge idéal**
Enfants d'au moins quatre ans.
■ **Durée**
Excursions de deux à six jours.
■ **Dénivelé**
Fréquentes montées et descentes – descendre de la roulotte pour les montées!
■ **Boire et manger**
Petit-déjeuner et souper à l'hôtel, repas de midi et pique-nique en chemin.
■ **Renseignements et prospectus**
Eurotrek SA, 8021 Zurich
Tél. 01 295 59 59
www.eurotrek.ch

■ Linda est prête, les sacs et le pique-nique sont rangés dans la roulotte. Le cocher, Michel, qui a déjà 13 ans, emporte une carte sur laquelle les chemins à prendre sont indiqués en rouge. Les premiers pas sont quelque peu hésitants et inhabituels, mais le cheval Linda a bon caractère. Monsieur Wyss recommande à Monsieur Mauerhofer, le vice-cocher, de conduire au début le cheval Linda au licou.
■ La première étape est longue de neuf kilomètres et passe par la forêt de Chaindon pour revenir à Saicourt. Monsieur Wyss accompagne les

Hue cheval, hue / Franches-Montagnes

Vater Mauerhofer, jetzt «Vizekutscher», das Pferd anfangs am Halfter führt. Die Routenkarte zeigt gut auf, welcher Weg zu befahren ist. Zudem hat es in regelmässigem Abstand und bei Abzweigungen einen Wegweiser mit der Aufschrift «Eurotrek» und einem «H» für Hotel-Tour oder einem «S» für Stroh-Tour.

Die erste Etappe ist neun Kilometer lang und führt von Saicourt durch den Chaindon-Wald zurück nach Saicourt. Die ersten Meter durchs Dorf Saicourt begleitet Herr Wyss die Familie Mauerhofer. Beim letzten Haus folgt der Abschied, und die Mauerhofers biegen rechts ab. Die Gegend ist hügelig und überschaubar. Nachdem sich Mikel bereits als richtiger Kutscher bewährt hat, entdeckt Julian am Waldrand einen gemütlichen Rastplatz, Steine um die Feuerstelle sind bereits vorhanden. Annette Mauerhofer hat die Aufgabe übernommen, Linda vom

Putzen und striegeln des Pferdes.
Nettoyer et étriller un cheval.

Mauerhofer dans leur traversée du village de Saicourt, avant de prendre congé d'eux. Un parcours fantastique dans une merveilleuse nature les conduit à Le Fuet. Depuis là, l'itinéraire emprunte la route goudronnée qui mène à Saicourt. Ils arrivent vers 17h00 à la ferme de la famille Wyss, fatigués mais riches des belles aventures de la journée écoulée.

Meist führt die Reise über Feld- und Waldwege ohne Autoverkehr.

En général, le voyage se déroule sur des chemins sans circulation.

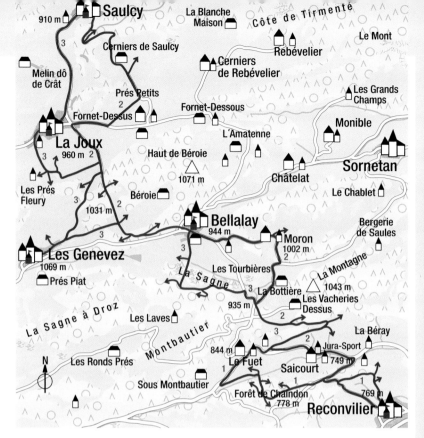

Map labels:

910 m · Saulcy · La Blanche Maison · Côte de Tirmenté · Le Mont · Rebévelier · Cerniers de Saulcy · Cerniers de Rebévelier · Les Grands Champs · Melin dô de Crât · Prés Petits · Fornet-Dessous · Monible · Fornet-Dessus · L'Amatenne · Sornetan · La Joux 960 m · Haut de Béroie · Châtelat · Le Chablet · Les Prés Fleury · Béroie · 1071 m · Bergerie de Saules · 1031 m · Bellalay 944 m · Moron 1002 m · Les Genevez 1069 m · Les Tourbières · La Montagne · Prés Piat · La Sagne · La Bottière · Les Vacheries Dessus · 1043 m · La Sagne à Droz · Les Laves · 935 m · Montbautier · La Béray · Les Ronds Prés · 844 m · Jura-Sport · Le Fuet · Saicourt · 749 m · Sous Montbautier · Forêt de Chaindon 778 m · 769 m · Reconvilier

Geschirr zu befreien, sie bindet sie nur mit den Zügeln an einem Baum fest. Gestärkt von der Grillade, nehmen die Mauerhofers die letzten vier Kilometer in Angriff. Ab Le Fuet führt der Weg auf der Teerstrasse nach Saicourt zurück, wo sie um etwa 17.00 Uhr wieder auf dem schönen Hof der Familie Wyss eintreffen. Da es in Saicourt nicht viele Verpflegungsmöglichkeiten gibt, entscheiden sich die Mauerhofers, die Gerichte aus der Küche von Frau Wyss zu kosten. Die selbst gemachte Tomatensuppe zur Vorspeise schmeckt einfach köstlich. Müde, doch erfüllt mit schönen Erlebnissen vom Tag fallen Julian und Mikel früh ins frisch bezogene Bett im Gästehaus der Fa-

Julien et Michel s'endorment de bonne heure.

L'aventure continue après un bon petit-déjeuner

■ Après un bon petit-déjeuner, il est question de nettoyer et de préparer Linda pour la seconde étape. Celle-ci est un peu plus ardue et conduit de Saicourt à Saulcy (18 km). Cette fois, Monsieur Mauerhofer a pris place à côté du cocher, Michel. Annette Mauerhofer conduit Linda à la bride pour les premiers mètres avant de prendre place dans la roulotte auprès de Julien. Lorsqu'une montée s'annonce, tous mettent pied à terre et Madame Mauerhofer conduit Linda à

Hue cheval, hue/Franches-Montagnes

milie Wyss. Die einzige Geräusch-
kulisse ist das seltene Wiehern eines
Pferdes.

Das Abenteuer geht weiter

■ Nach dem Frühstück wird Linda
geputzt und für die zweite Etappe
bereit gemacht. Diese führt von
Saicourt nach Saulcy (18 km) und ist
schon etwas anspruchsvoller.
Diesmal hat sich Richard Mauerhofer
neben Kutscher Mikel gesetzt, während Annette die Aufgabe des «Vize-
kutschers» übernommen hat und
Linda auf den ersten 100 Metern
noch führt. Danach setzt sie sich neben Julian auf den Planwagen. Gehts
bergauf, so steigen natürlich alle ab.
Frau Mauerhofer führt Linda auf der
linken Kopfseite am Zaumzeug.
Kutscher Mikel marschiert wegen der
Bremse auf der rechten Seite des
mehrere 100 Kilogramm schweren
Wagens. Mikel weiss schon, dem
Pferd Linda darf man unterwegs aus
einem Eimer Wasser zu trinken
geben – es aber nie Gras fressen lassen. Am Abend wird in Saulcy über-
nachtet. Zu essen gibts für die
Kinder natürlich erst, nachdem Linda
ordentlich versorgt wurde. Sie be-
kommt vier Kilo Heu und nach einer
halben Stunde eine Ration Kraftfutter.
■ So gehts auch am nächsten Tag
weiter, bis alle wieder glücklich und
zufrieden in Saicourt eintreffen. Nur
ungern verabschieden sich die Mauerhofers von Linda, die sie so sicher
und routiniert über die Wege geführt
hat.

Alternativ: Übernachtung im Stroh.
Alternative: nuitée sur la paille.

la bride. Le soir venu, ils passent la
nuit à Saulcy.

Heureux et satisfaits

■ Le troisième jour se poursuit sur le
même ton, jusqu'à ce qu'ils atteignent de nouveau Saicourt, heureux
et satisfaits. C'est à contre-cœur que
la famille Mauerhofer prend congé
de «son» cheval, qui l'a conduite de
manière si sûre et routinière à travers les vallons du Jura.

Reise mit zwei Familien möglich.
Voyages à deux familles possibles.

Grotten / Vallorbe

Das geheimnisvolle Reich der Nacht
Le royaume mystérieux de la nuit

Noch sind nicht alle Galerien und Siphons von Vallorbe erforscht.

Toutes les galeries et siphons ne sont pas encore explorés.

Les Grottes / Vallorbe

Auf geheimnisvolle, bisher noch unerforschte Weise versickert das Wasser der beiden Seen Lac de Joux und Lac Brenet, um tief unter der Erde durch das Reich der Nacht zu rauschen und unterhalb des Höhleneingangs von Vallorbe als stattlicher Fluss wieder Tageslicht zu erblicken.

Die letzten Geheimnisse

Die letzten Geheimnisse der Schweiz sind das Thema unseres heutigen Ausflugs in den westlichsten Zipfel des Juras. Nicht um als Höhlenforscher unter den beiden Seen vielleicht rätselhafte neue Galerien zu entdecken, durch welche die Orbe mit Getöse rauscht, sondern um einen kurzen, aber faszinierenden Einblick in die Unterwelt mit ihren Stalagmiten, Siphons und Tropfsteinröhrchen zu erhalten.

Unsere Wanderung beginnt am Bahnhof von Le Pont, den wir via Lausanne und Vallorbe erreicht haben. Hier können wir auch unser Auto parkieren, um später mit dem Regionalzug von Vallorbe zurück nach Le Pont zu fahren.

Wir spazieren auf der Strasse zwischen Lac de Joux und Lac Brenet hindurch (siehe Foto), bis wir in La Corne rechts abzweigen. Jetzt gehts immer noch auf Hartbelag bis zum Hof von L'Epine. Weiter oben wird das Strässchen schmaler, und wir biegen rechts auf eine Wegspur ab, die sich weiter hinten im Wald verliert. Hier sind Orientierungssinn und Kartenlesen gefragt – für unsere Kids recht abenteuerlich! Mit etwas Glück

Oben: Le Pont mit Lac Brenet.
Unten: Gigantische Säle unter Tag.
Haut: Le Pont et le lac Brenet.
Bas: gigantesques salles souterraines.

Mystérieusement, les eaux des deux lacs de la vallée de Joux, le lac de Joux et le lac Brenet, s'écoulent dans les profondeurs de la terre pour réapparaître en dessous de l'entrée des grottes de Vallorbe sous forme d'une rivière imposante – l'Orbe. L'eau, telle une fée, a créé ici des salles souterraines extraordinaires.

Les derniers secrets

Notre randonnée débute à la gare du Pont, que nous atteignons au

Grotten / Vallorbe

Imposant: die Quelle der Orbe.
Imposante: la source de l'Orbe.

INFO

■ **Hin und zurück mit öV**
*Busverkehrs BGV ab Yverdon (9.15
und 12.30 Uhr) bis nach Vallorbe
Bhf., retour 15.00 und 17.00 Uhr),
Infos unter www.travys.ch.*
■ **Anreise mit dem Auto**
*Auf der A1 (Bern–Lausanne) bis zur
Autobahnverzweigung Orbe, weiter
in Richtung Frankreich (Pontarlier).
Kurz vor der Grenze nach links
abzweigen und über Vallorbe bis Le
Pont im Vallée de Joux.*
■ **Öffnungszeiten**
Von April bis Oktober.
■ **Idealalter**
Kids ab ca. 8 Jahren.
■ **Zeitaufwand**
*Rund zwei Stunden Wanderzeit, in-
klusive Wildpark und Höhlenbesuch
sollte man mindestens vier Stunden
einrechnen.*
■ **Höhenmeter**
183 m bergauf, 406 m bergab.
■ **Verpflegung**
Buvette und Kiosk beim Eingang.
■ **Auskünfte und Prospekte**
*Grottes de Vallorbe SA, 1337 Vallorbe
Tel. 021 843 25 85
www.grotte.ch – www.vallorbe.ch*

départ de Lausanne, via Vallorbe.
C'est également ici que les automo-
bilistes parquent leur véhicule afin
de pouvoir revenir au Pont en train
régional.

■ Nous marchons sur la route qui
sillonne entre le lac de Joux et le Lac
Brenet (voir photo) avant de partir à
droite à la hauteur de La Corne. Le
goudron nous accompagne jusqu'à la
ferme de l'Epine. Plus haut, la route
se fait plus étroite et nous empruntons le tracé qui se dessine à notre
droite pour se perdre dans la forêt.
Ici, le sens de l'orientation et la
capacité de lire une carte sont requis
– quelle aventure pour les jeunes!
Avec un peu de chance, nous aurons
trouvé le chemin menant au Jura-
parc. Nous découvrons ici le premier
point fort de la journée: un parc animalier avec bisons, ours et loups. Le
chemin de randonnée se poursuit à
gauche et conduit au point 918, où
nous marchons de nouveau quelques
minutes sur le goudron. Après environ 200 mètres, nous prenons le
chemin pédestre qui descend à droite dans la forêt pour mener aux
Grottes de Vallorbe. Arrivés devant
l'entrée nous enfilons des habits
chauds (température de l'air 11°) et
débutons notre visite qui dure environ une heure. La grotte est consti-
tuée de galeries merveilleuses, de
salles, de lacs, de siphons, de stalag-
mites et de concrétions. La balade
est parfaitement adaptée aux familles. Nous empruntons la galerie artificielle qui aboutit directement au
lac de Cairn. Nous nous trouvons ici
quelque dix mètres au-dessus de la

Les Grottes / Vallorbe

haben wir den Waldpfad zum Jura-parc gefunden. Hier folgt der erste Höhepunkt des Tages: ein Wildpark mit Bisons, Bären und Wölfen. Der Wanderweg zweigt links von der Strasse ab und führt bis zum Punkt 918, wo wir wieder ein kurzes Stück auf Hartbelag gehen. Nach etwa 200 Metern nehmen wir rechts den Wanderweg, welcher den Wald hinunter und zu den Grottes aux Fées führt. Zielstrebig steuern wir auf den Eingang der Grottes de Vallorbe zu, um uns der nächsten Führung anzuschliessen.

résurgence de l'Orbe, que nous entendons gronder dans les profondeurs de la terre. Nous poursuivons en montant un escalier. De magnifiques «rideaux» tombent du plafond et nous découvrons les premiers «Macaronis» (petits tuyaux creux en calcaire pouvant mesurer jusqu'à 5 millimètres de diamètre). Après la salle blanche, nous traversons le siphon du mouton qui a été asséché afin de permettre un passage. Nous passons à nouveau par des escaliers avant d'atteindre la grande colonne qui, avec ses huit mètres de hauteur,

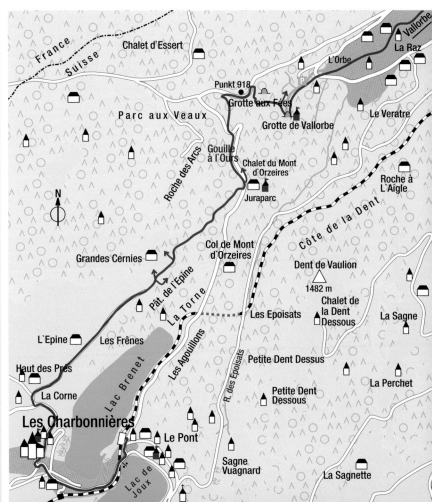

Grotten / Vallorbe

Die Führung durch die Grotten dauert etwa eine Stunde.

La visite des grottes dure environ une heure.

Siphon der Verzweiflung

■ Diese dauert mindestens eine Stunde und bringt uns unter kundiger Leitung und auf sicherem Weg in das geheimnisvolle Reich der Nacht. Die Wunder, die wir hier sehen können, sind nur ein Bruchteil dessen, was dieses Höhlensystem bietet oder noch unerforscht in der Wiege des Erdreichs schlummert. Vom Grossen Saal, wo es ohne Helm und Höhlenforscher-Ausrüstung nicht mehr weitergeht, beginnt eines der letzten grossen Abenteuer. Die Höhle setzt sich in bezaubernden Galerien mit grossen Hallen, Seen, Siphons, Stalagmiten, Tropfsteinröhrchen fort – viele hundert Meter bis zum Saal

est une des formations les plus impressionnantes de la grotte.
■ Un second passage artificiel mène à la galerie des concrétions dans la salle noire. Il est impressionnant d'imaginer que la partie touristique ne représente que le tiers du réseau exploré...

Le «Trésor des fées»

■ Juste avant la sortie, nous visitons le «Trésor des fées», qui recèle une importante concentration de minéraux de provenance internationale. Après les galeries souterraines, cette exposition de cristaux, minéraux et fossiles est une délectation supplémentaire pour les yeux.

Les Grottes / Vallorbe

der 700 Herbstzeitlosen, welcher nur mit einer Taucherausrüstung über den tiefen Siphon der Verzweiflung erreicht werden kann. Erst 1990 gelang es einem Taucher, den über 55 Meter tiefen Siphon zu durchqueren. Auf der anderen Seite fand er einen gigantischen Saal, welcher chaotisch mit Felsblöcken übersät ist und nach 200 Metern zu einem neuen Siphon stromaufwärts führt. Dort endet der erforschte Teil der Höhle.

Stalaktiten, Stalagmiten

Unser Höhlenrundgang ist etwas für die ganze Familie – wir benötigen weder Helm, Karbidlampe noch eine Taucherausrüstung. So müssen wir nicht durch den ersten, ganz mit Wasser gefüllten Siphon tauchen, um in die Höhle zu kommen. Wir benutzen den künstlichen Tunnel, welcher direkt am Cairnsee endet. Wir stehen etwa zehn Meter über der wieder gefundenen Orbe. Eine Unterwasserbeleuchtung zeigt, dass die grosse und tiefe Wassermasse hier besonders ruhig ist. Versteinerungen aller Art schmücken Gewölbe, Wände und Boden in der «fossilen» Etage. Unser Führer erklärt die Kalksteingebilde der Stalaktiten (von der Decke wachsend) und der Stalagmiten (vom Boden wachsend). Nun gehts über eine Wendeltreppe nach oben weiter. Fantastische «Vorhänge» hängen von der Decke herunter, und wir entdecken die ersten »Makkaroni« (kleine, hohle Tropfsteinröhrchen mit bis zu fünf Millimetern Durchmesser).

INFO

■ **Transports publics**
Bus régional aller et retour, au départ de Yverdon-les-Bains (09.15h et 12.30h) jusqu'à Vallorbe. Renseignements: www.travys.ch.
■ **Trajet en voiture**
Prendre la A1 (Lausanne-Berne) jusqu'à la jonction «Orbe». Suivre la route de transit direction «France» (Pontarlier). Traverser Vallorbe et poursuivre selon les indications jusqu'au Pont, dans la Vallée de Joux.
■ **Ouverture**
D'avril à octobre.
■ **Âge idéal**
Enfants dès 8 ans.
■ **Durée**
Environ deux heures de marche. En comptant la visite du parc animalier et des grottes, il faut bien réserver quatre heures.
■ **Dénivelé**
183 m en montée, 406 m en descente.
■ **Boire et manger**
Buvette et kiosque à l'entrée.
■ **Renseignements et prospectus**
Grottes de Vallorbe SA, 1337 Vallorbe Tél. 021 843 25 85 www.grotte.ch – www.vallorbe.ch

Die Schatzkammer von Vallorbe.
La salle des trésors de Vallorbe.

Grotten / Vallorbe

Nach dem Weissen Saal durchqueren wir den Siphon des Schafes, der trockengelegt wurde, um den Durchgang zu gewähren. Über die nächste Treppe gehts zur Grossen Säule, mit acht Metern Höhe eine der eindrucksvollsten Gebilde in der Höhle. Wir gehen durch einen zweiten künstlichen Tunnel und entdecken die Tropfsteingalerie im Schwarzen Saal. Endstation für den touristischen Teil ist kurz vor dem Grossen Saal. Seine imponierende Grösse wurde durch den Abbruch von riesigen Felsblöcken hervorgerufen. Eine beträchtliche Erdspalte hat an dieser Stelle die Bildung der unterirdischen Kathedrale gefördert.

Der Schatz der Feen

Kurz vor dem Ausgang besuchen wir noch die Schatzkammer – einen unterirdischen Dom, welchen der Architekt B. Verdon durch Aushöhlung des Felsens geschaffen hat. Der Schatz der Feen beherbergt eine bedeutende Mineraliensammlung. Die Ausstellungsvitrinen in Form von Dreiecken sind am Rand der vier Kuppelräume installiert. Wir fühlen uns wie in einer fremden Welt auf einem futuristischen, fernen Planeten. Nach den unterirdischen Galerien ist die Ausstellung mit ihren Kristallen, Mineralien und Fossilien ein zusätzlicher Augenschmaus, bevor uns das Licht des Tages wiederhat.

Wir befinden uns im Waldtal. Zahlreiche Quellen entspringen rundherum. Waldwege wurden am linken Ufer der Orbe gebaut, dank welchen

Fotos: Grottes de Vallorbe SA

Les Grottes / Vallorbe

Oben: Tausende Tropfsteinröhrchen im Nadelsaal.
Unten: Der Schatz der Feen im künstlichen Höhlendom.

Haut: des milliers de petites concrétions fascinantes.
Bas: le trésor des fées dans la cavité artificielle.

wir diese Wunder der Natur sehen können, ehe wir den Parkplatz am rechten Ufer erreichen. Nun bleibt noch der etwas mehr als halbstündige Bummel entlang der Orbe bis nach Vallorbe. Der Bahnhof liegt etwas höher als das Dorf, so dass am Ende ein kleiner Aufstieg nötig ist.

■ La sortie débouche dans la forêt où un chemin a été aménagé sur la rive gauche de l'Orbe, nous permettant d'atteindre Vallorbe en une demi-heure. La gare se situe sur les hauts de la ville ce qui nous demande un dernier effort de montée. Quelle journée!

Mont Vully / Drei-Seen-Seeland

Abstieg in die Unterwelt
Visite dans les entrailles de la terre

Für die gesamte Rundtour ist man bis zu drei Stunden unterwegs.	Le parcours complet requiert jusqu'à trois heures de marche.

Es ist stockfinster, und es läuft uns kalt den Rücken hinunter. Langsam und vorsichtig tasten wir uns mit den Taschenlampen durch die unheimlichen Stollengänge. Was es nicht alles gibt! Soeben sind wir noch durch schattige Wälder und aussichtsreiche Hochplateaus spaziert, und nun irren wir durch den Bauch des Berges.

Geheimnisvolle Festung

Den Kindern gefällts, sie bewegen sich flink wie mit Katzenaugen durch

Il fait nuit noire et des frissons parcourent notre échine. Lentement, prudemment, nous progressons dans d'inquiétantes galeries à la lueur de nos lampes de poche. Il y a encore quelques instants, nous marchions à l'ombre des arbres, sur un haut plateau magnifiquement dégagé. Nous voilà maintenant errant dans les entrailles de la montagne...

Une forteresse mystérieuse

Les enfants se déplacent avec l'adresse et les yeux d'un chat à tra-

Mont Vully/Pays des Trois-Lacs

Für Abenteurer: stockfinstere
Verbindungsstollen im Berg.

Pour les aventuriers: la découverte
de sombres galeries.

Mont Vully/Drei-Seen-Seeland

INFO

■ **Hin und zurück mit öV**
*Von Bern bis Murten mit den SBB,
weiter mit dem Schiff über den
Murtensee bis Praz (S-Bahn Bern,
Linien S6 und S36 – Kursbuchfelder
262 und 3213).*
■ **Anreise mit dem Auto**
*Autobahnausfahrt (N1) Murten,
weiter in Richtung Ins/Neuchâtel.
Bei Sugiez links abzweigen nach
Praz und Môtier. Dort via Lugnorre
bis Sur le Mont.*
■ **Idealalter**
Ab ca. 8 Jahren.
■ **Zeitaufwand**
*Je nach Besichtigungstour zwischen
zwei und vier Stunden.*
■ **Höhenmeter**
*Von Praz bis La Lamberta ca. 100 m
bergauf.*
■ **Verpflegung**
*Picknickplatz vor der Festung,
Restaurant in Sur le Mont.*
■ **Auskünfte und Prospekte**
*Murten Tourismus,
3280 Murten
Tel. 026 670 51 12
www.murten.ch*

die dunklen Stollen, verschwinden in einem Seitengang, erschrecken die Eltern. Am Boden liegt Sand, der in den letzten Jahren vom Gewölbe gerieselt ist. Sandstein stellen wir erstaunt fest und wundern uns darüber, wie diese Gänge einst von Soldaten ohne Sprengstoff aus dem Fels geschlagen wurden.

■ Das Infanterie-Werk La Lamberta ist eine Festung aus dem Ersten Weltkrieg, welche in den Jahren 1916–17 erbaut wurde. Damals war die gesamte Südflanke des Mont Vully unbewaldet. 110 Mann verschanzten sich mit Maschinengewehren in der Festung, um die so

vers les sombres galeries, disparaissent dans un couloir transversal pour surprendre les parents.

■ Cette fortification militaire est un ouvrage datant de la Première guerre mondiale – sa construction fut entreprise en 1916 – alors que le flanc sud du Mont Vully n'était pas boisé. Cent dix hommes se retranchèrent ici avec armes et munitions dans le but de défendre l'axe du lac. Ce décor, où nos enfants jouent le cœur léger, fut jadis la scène d'événements sérieux. «Ne pas regarder au-delà de la portée de tir de nos armes!», telle était la stratégie. Par chance, aucun affrontement direct avec l'ennemi n'eut lieu. Ces couloirs militaires sont étonnamment librement accessibles à tout un chacun. La condition cine-qua-non pour cette expédition est d'avoir sur soi une lampe de poche. Le Mont Vully se trouve au milieu de la région des Trois-Lacs, en bordure du lac de Morat. Son sommet est atteignable en voiture. Il est également accessible en bateau, depuis le débarcadère de Praz. De là, nous suivons le sentier viticole du Vully qui remonte le flanc pour mener directement aux «Grottes de la Lamberta». C'est ici que débute notre parcours de trois heures qui conduit à différents postes historiquement intéressants.

La région des Trois-Lacs

■ En effet, la balade relie sept autres places d'arme, tranchées et abris. Nous jouissons d'une vue hétérogène sur le pays des Trois-Lacs,

Mont Vully / Pays des Trois-Lacs

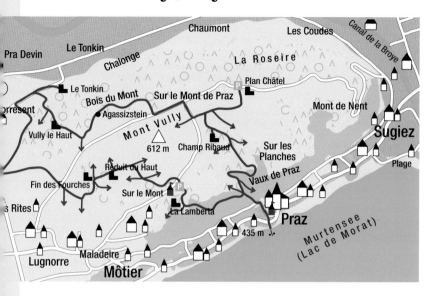

genannte Seeachse zu verteidigen. Dort, wo sich heute Kinder tummeln, wurde einst der Ernstfall geprobt. «Nicht weiter sehen, als die Waffe wirken kann», lautete die Strategie.

découvrons un bloc erratique, portant le nom de «Pierre-Louis Agassiz», ainsi que la reconstruction d'un rempart helvétique datant d'avant J.-C.

Aus diesen Öffnungen hätten einst Maschinengewehre feuern sollen.

De ces ouvertures, une arme aurait dû jadis tirer sur l'ennemi.

Mont Vully / Drei-Seen-Seeland

Endlich wieder draussen, mögen manche Eltern aufatmen.

Revenus à la lumière du jour, les parents reprennent leurs esprits.

Wander- und Entdeckerlust

■ Die Militäranlage ist überraschenderweise für jedermann und ohne Führung zugänglich – Voraussetzung für diesen Ausflug ist allerdings eine gut funktionierende Taschenlampe. Der Mont Vully befindet sich mitten im Seeland am Nordufer des Murtensees. Wir können mit dem Auto bis Sur le Mont fahren oder mit dem Schiff in Praz aussteigen. Von Praz aus folgen wir dem Weinlehrpfad «Sentier viticole du Vully» bergauf und gelangen auf diesem Weg bis zu den Stollen von La Lamberta. Von hier aus könnten wir zur gesamten dreistündigen Rundwanderung starten, welche zu verschiedenen histo-

Ce qui fut jadis une île

■ Le Mont Vully n'est pas uniquement un site d'excursions et de randonnées de premier ordre, mais il a également été intégré à l'inventaire fédéral des paysages, sites et monuments naturels d'importance nationale (IFP). Son doux relief forme un contraste attrayant dans le paysage maraîcher plat de la région des Trois-Lacs. Il y a de cela des centaines d'années, ce mont jaillissait de la masse d'eau qui recouvrait la totalité de la plaine. Dans ce lointain passé, où la loi du plus fort régnait, cette île avait une importance stratégique pour les populations menacées. Les Tigurins, une tribu celte helvète, y

Fotos: Ronald Gohl

Mont Vully/Pays des Trois-Lacs

risch interessanten Stationen führt. Wir stimmen unsere Exkursion auf die Wander- und Entdeckerlust der Jungmannschaft ab. Der Rundgang erschliesst sieben weitere, allerdings weniger spektakuläre Waffenstellungen, Laufgräben und Unterstände und öffnet den Blick in die wechselvolle Landschaft des Seelands. Ausserdem entdecken wir einen erratischen Block, Agassizstein genannt, sowie die Rekonstruktion eines helvetischen Schutzwalls aus der Zeit vor Christus.

Einst Inselberg

Der Mont Vully ist nicht nur ein erstklassiges Wander- und Ausflugsgebiet, er wurde auch ins Bundesinventar der Landschaften und Naturdenkmäler von nationaler Bedeutung (BLN) aufgenommen. In der topfebenen Landschaft des Seelands erscheint der Berg als reizvoller Kontrast – hier die Gemüsefelder im Grossen Moos, dort das Relief des Mont Vully mit seinen Steilabstürzen, Sandsteinfelsen und Waldschluchten. Vor Jahrtausenden ragte der Berg wie ein riesiger Wal aus einem einzigen, zusammenhängenden Gewässer, welches sich übers gesamte Seeland erstreckte. In dieser fernen Vergangenheit, wo noch das Faustrecht regierte, kam dem Inselberg eine strategische Bedeutung für bedrohte Volksstämme zu. Die wehrhaften Tiguriner, ein Stamm des keltischen Helvetiervolkes, legten auf dem Mont Vully ein ausgedehntes Befestigungssystem an.

INFO

■ **Transports publics**
CFF jusqu'à Morat, puis traversée du lac de Morat en bateau jusqu'à Praz (indicateur CFF 262 et 3213).
■ **Trajet en voiture**
Sortie d'autoroute (N1) Morat, puis direction Ins/Neuchâtel. À Sugiez, prendre à gauche direction Praz/Môtier. Puis par Lugnorre jusqu'au Mont.
■ **Âge idéal**
Dès 8 ans.
■ **Durée**
En fonction du parcours choisi, entre deux et quatre heures.
■ **Dénivelé**
De Praz à La Lamberta environ 100 mètres en montée.
■ **Boire et manger**
Place pique-nique devant la fortification, restaurant sur le Mont.
■ **Renseignements et prospectus**
*Morat Tourisme,
3280 Morat
Tél. 026 670 51 12
www.morat.ch*

avait installé un système étendu de fortifications.

■ Après la randonnée, le lac de Morat nous invite à la baignade.

Sehenswerter Weinbau in Praz.
Viticulture intéressante à Praz.

La Braye / Château-d'Oex

Kinderparadies mit Schatztruhen
Un paradis pour les enfants

Mit der Seilbahn, unter der Gummfluh, zu den Hängebrücken.

Un téléphérique pour rejoindre les ponts suspendus.

■ Die schöne Natur genügt nicht immer, um aktive Kids und ihre Familien in die Bergwelt zu locken. Deshalb müssen Tourismusorte zusätzliche attraktive Angebote schaffen. Auch in den Waadtländer Alpen gibt es verschiedene Attraktionen für die Familie: zum Beispiel die unterhaltsame Schatzsuche auf La Braye bei Château-d'Oex.

■ Vom Bahnhof in Château-d'Oex, den wir mit der Schmalspurbahn via Zweisimmen erreichen, gehen wir die Treppen hinunter, überqueren die Hauptstrasse und folgen den Schil-

■ Un téléphérique moderne, dont la station inférieure est située dans le village de Château-d'Oex, nous emmène sur le plateau de La Braye, situé à 1625 mètres d'altitude. Hormis le panorama magnifique qui ravira les parents, nous découvrons là une multitude d'activités pour tous les goûts et tous les âges. Le sentier des fourmis, une descente en VTT / trottine-herbe, la chasse au trésor «Mike Horn Family», une magnifique place de jeux, des aires de pique-nique, l'agréable terrasse panoramique du restaurant, une

La Braye / Château-d'Oex

dern zur Talstation der Luftseilbahn. Bis nach Pra-Perron schweben wir in einer Kabine, anschliessend müssen wir in «Zweiersitze» umsteigen. Mit der Sesselbahn auf La Braye (1625 m ü. M.) angekommen, staunen wir über die vielen Möglichkeiten, die sich dem gemischten Publikum bieten: ein Ameisenlehrpfad, eine Mountainbike- oder Trotti-Abfahrt, die Schatzsuche «Mike Horn Family», ein genialer Spielplatz, Picknickplätze, die angenehme Panorama-Terrasse des Restaurants, ein kleiner Bauernhof mit vielen anschmiegsamen Tieren – alles in einer familiären und geselligen Atmosphäre.

Kleine Schatzsucher

■ Unsere Kids begeben sich mit Eifer auf die Spuren von Mike Horn – einem in Südafrika geborenen Abenteurer, der jetzt in Château-d'Oex lebt. Es gilt, sich von Posten zu Posten durch-

Trotti-Downhill bis Pra-Perron.
Descente jusqu'à Pra-Perron.

petite ferme avec des animaux câlins, le tout dans une ambiance familiale et conviviale.

Le Mike Horn Family

■ Les aventuriers suivent avec ferveur les traces de Mike Horn sur un parcours de 2 à 3 heures, comprenant mur de grimpe, caverne, ponts suspendus, orientation, etc. Trois niveaux de difficulté différents à chaque poste permettent à chacun de participer à cette fabuleuse

INFO

■ **Transports publics**
Le MOB nous conduit de Montreux ou Spiez à Château-d'Oex. De là, nous rejoignons la station du téléphérique à pied en quelques minutes (indicateurs CFF pos. 120 et 2060).
■ **Trajet en voiture**
Autoroute Lausanne-Fribourg, sortie Bulle et suivre les indications pour Château-d'Oex. Le parking se situe au départ du téléphérique.
■ **Âge idéal**
Les différentes activités proposées permettent aux enfants de tous les âges d'y trouver leur compte.
■ **Durée**
En comptant le repas de midi et les pauses, nous passerons bien 4 à 5 heures en altitude.
■ **Saison**
De mi-juin à fin septembre – en fonction de la période d'ouverture du téléphérique.
■ **Dénivelé**
410 m en descente.
■ **Boire et manger**
Restaurants de la Braye et de Pra-Perron.
■ **Renseignements et prospectus**
Télé-Château-d'Oex SA, Tél. 026 924 67 94. www.telechateaudoex.ch

La Braye / Château-d'Oex

INFO

■ **Hin und zurück mit öV**
*Mit dem Zug der MOB fahren wir
von Spiez über Zweisimmen nach
Château-d'Oex. Vom Bahnhof sind es
nur wenige Minuten zu Fuss bis zur
Talstation der Seilbahn (Kursbuch
120 und 2060).*
■ **Anreise mit dem Auto**
*Autobahn bis Wimmis (A6), durchs
Simmental nach Zweisimmen, weiter
über Saanen bis Château-d'Oex.
Parkplatz direkt bei der Talstation im
Coopcenter.*
■ **Saison**
*Mitte Juni bis Ende September – Be-
triebszeiten der Seilbahn beachten.*
■ **Idealalter**
*Die verschiedenen Attraktionen er-
lauben Spass für jedes Alter.*
■ **Zeitaufwand**
*Die Schatzsuche dauert inkl. Spiel-
pausen knapp zwei Stunden, etwas
kürzer ist der Ameisenlehrpfad. Für
die Downhillpiste sind die Fahrzeiten
je nach Sportlichkeit unterschiedlich.*
■ **Verpflegung**
*Bergrestaurant auf La Braye und
Pra-Perron.*
■ **Auskünfte und Prospekte**
*Télé-Château-d'Oex SA
Tel. 026 924 67 94
www.telechateaudoex.ch*

Interessant: der Ameisenlehrpfad.
Intéressant: le sentier des fourmis.

chasse au trésor. Le chalet de la Montagnette complète ce parcours par une exposition sur Mike Horn.

Le sentier des fourmis

■ Un parcours en descente de 4 kilo-mètres nous permet de nous plonger dans l'univers fascinant des fourmis et d'apprendre quantité d'anecdotes sur l'organisation de leur société, leur vie de famille, leurs aptitudes, etc. Sept postes intéressants jalonnent cette balade en pleine nature.

La piste de downhill

■ Que ce soit en VTT ou en trottine-herbe, la descente sur deux roues jusqu'à Pra-Perron, au cœur de pay-sages variés à souhait et d'un pano-rama montagneux fantastique, pro-met de belles poussées d'adrénaline aux amateurs de sensations fortes sportifs et de plus de 12 ans.

■ Le sentier des fourmis et la piste de descente VTT vous emmèneront du sommet jusqu'à la station intermédi-aire de Pra Perron. Ces parcours vous permettront de découvrir différentes essences de bois, un large éventail de fleurs, ainsi qu'une variété de paysa-ges dignes d'une des plus grandes réserves de Suisse. Le Mike Horn Family quant à lui, vous propose de rester au sommet avant de reprendre le télésiège et le téléphérique pour regagner la vallée. A moins que vous n'ayez décidé de passer la nuit à La Braye et de poursuivre vos aventures le lendemain.

La Braye / Château-d'Oex

zukämpfen: Klettermauer, Höhle, Hängebrücke und vieles mehr erwarten die kleinen Abenteurer unterwegs. In der Hütte von Montagnette ist zudem eine Ausstellung über Mike Horn eingerichtet.

Der Ameisenlehrpfad

■ Aber es gibt noch mehr zu entdecken: Ein vier Kilometer langer, abwärts führender Weg vermittelt uns einen spannenden Einblick in die Welt den Ameisen. Wir erfahren an sieben Posten mehr über die kleinen Krabbeltiere, zum Beispiel wie ihre Gesellschaft organisiert ist.

Die Downhillpiste

■ Sei es mit dem Mountainbike oder mit dem Trotti, die Abfahrt auf zwei Rädern bis zur Mittelstation Pra-Perron verspricht auf jeden Fall viel Action und einen Schuss Herzklopfen – nur für «Riders», die über zwölf Jahre alt sind.

■ Alle drei spannenden Angebote führen durch die faszinierend schöne Natur am Fusse der Gummfluh, die als eines der grösstes Naturschutzgebiete Eingang ins Bundesinventar der Landschaften von nationaler Bedeutung gefunden hat. Seltende Pflanzen, grüne Alpen und zerklüftete Felsen laden auch zum besinnlichen Verweilen ein – wecken wir bei unseren Kindern deshalb auch das Verständnis für die grossartige Natur.

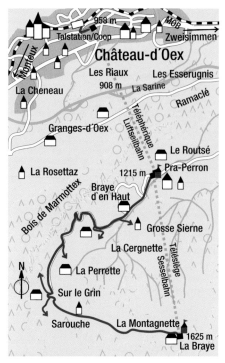

Abseilen während der Schatzsuche.
Descente en rappel.

Savoleyres / La Tzoumaz

Zehn Kilometer Schlittelspass
Dix kilomètres à fond la luge

Fotos: Office du tourisme La Tzoumaz / Photo Guillenmin

Ob Gross oder Klein – der Spass auf Kufen ist garantiert!

Que l'on soit petit ou grand – plaisirs grisants garantis!

■ Hoch über dem linken Rhoneufer liegt auf einer Aussichtsterrasse der kleine familiäre Ferienort La Tzoumaz / Mayens-de-Riddes. Der Ort gilt fast noch als Geheimtipp, obwohl er Anschluss an eines der grössten Skigebiete der Welt (4 Vallées mit 419 km Pisten) hat. Aber nicht nur Ski fahren und snowboarden können wir in La Tzoumaz: Hier finden wir auch die

■ Quel bambin ne saute pas de joie en imaginant passer une journée sur une piste de luge de 10 kilomètres? Quant aux parents, avec un peu d'honnêteté, ils avoueront bien retrouver un cœur de môme en dévalant les pentes enneigées ...
■ La Tzoumaz, station familiale et conviviale par excellence, faisant partie du domaine skiable des Quatre

Savoleyres / La Tzoumaz

längste Schlittelbahn der Romandie. Wir starten mitten im Ort und fahren mit der Gondelbahn bis Savoleyres auf dem Grat zwischen La Tzoumaz und Verbier. Hier können wir zunächst die tolle Aussicht auf die Walliser Alpen oder ein Raclette im Bergrestaurant geniessen – anschliessend stürzen wir uns mit Kind und Kegel auf die 10 Kilometer lange Schlittelbahn mit 848 Metern Höhenunterschied. Der Adrenalinschub ist garantiert! Schlitten können wir in den Sportgeschäften von La Tzoumaz mieten.

Vallées, possède la piste de luge la plus longue de Suisse romande. Un boulevard blanc délirant de 10 kilomètres, présentant une déclivité de 848 mètres, relie la station supérieure de la télécabine de Savoleyres (2354 m) et le village, situé à 1506 m. Tous y trouveront leur compte: les casse-cous solitaires, les flâneurs en groupe, les glisseurs débutants, les familles sportives. Un tronçon grisant en fin de piste promet aux amateurs de sensations fortes des frissons de plaisir incomparables. Les amoureux de glisse inédite adoreront pratiquer

INFO

■ **Mit dem öV / Transports publics**
Von Riddes (Bahnlinie Martigny–Sion) mit dem Postauto bis La Tzoumaz (100.52).
Car postal de Riddes (ligne Martigny–Sion) à La Tzoumaz – indicateur CFF pos. 100.52.
■ **Mit dem Auto / En voiture**
Ausfahrt Riddes (A9), über kurvenreiche Bergstrecke bis La Tzoumaz.
Autoroute A9, sortie Riddes, puis route cantonale jusqu'à la station.
■ **Idealalter / Âge idéal**
Ab ca. 8 Jahren mit eigenem Schlitten.
Seul sur une luge, dès env. 8 ans.
■ **Zeitaufwand / Durée**
Rund 30 Minuten pro Abfahrt.
Env. 30 minutes par descente.
■ **Höhenmeter / Dénivelé**
848 m bergab / en descente.
■ **Verpflegung / Boire et manger**
Bergrestaurant Savoleyres, sieben Hotels/Restaurants in La Tzoumaz.
Restaurant d'altitude à Savoleyres, sept hôtels/restaurants au village.
■ **Auskünfte / Renseignements**
Office du tourisme La Tzoumaz
Tel. 027 306 18 51
www.latzoumaz.ch

**Kleinere fahren bei den Eltern mit.
Les petits vont avec les parents.**

cette descente à la lumière magique de la pleine lune. (week-ends de pleine lune, piste ouverte le vendredi et samedi soir).
Qui prétend qu'avec des enfants il est impossible de souffler quelques minutes? L'Espace Grand Nord comprend igloo, tunnel et mini parcours d'obstacles qui occuperont les bambins pendant que les parents savoureront un peu de repos au bar situé aux abords immédiats.
Alors ... a vos luges, prêts, partez!

Champéry / Val d'Illiez

Zu Fuss und mit dem Bike zwischen Himmel und Gischt

A pied et à vélo entre ciel et terre

■ Aufregung bei Familie Mauerhofer. Mikel hat gehört, dass es in Champéry an der französischen Grenze das grösste Bike-Paradies der Welt geben soll. Sein Vater, ein leidenschaftlicher Radler, ist sofort Feuer und Flamme. Mutter Mauerhofer zögert noch, denn Julian ist erst acht – ob er da mithalten kann?

Abenteuer in der Schlucht

■ Weil Julian sportlich und zäh ist, fällt die Entscheidung für Champéry – das Wochenende soll aber mit

Schwindel erregend: Galerie Défago.
Vertigineux: la Galerie Défago.

■ L'excitation est à son comble pour la famille Mauerhofer. Michel a entendu dire que Champéry, près de la frontière française, abritait le plus grand paradis du vélo tout-terrain du monde. Son père, un cycliste passionné, a tout de suite été séduit. Sa mère, elle, hésite un peu, Julien n'a que huit ans et elle se demande s'il pourra suivre.

Aventure dans les gorges

■ Comme Julien est sportif et résistant, la famille décide de passer un week-end à Champéry. Annette Mauerhofer a pourtant formulé un souhait: faire une randonnée dans les gorges. Le voyage est plus court que prévu et tous sont motivés à entreprendre une balade. Ils partent, dans un premier temps, en direction du sud et descendent jusqu'à Vièze. Julien remarque déjà au loin l'inscription «Galerie» au milieu de la falaise. C'est là que le chemin les conduit. Ce dernier est bien sécurisé, mais la maman rappelle ses bambins à la prudence – tout chahut serait dangereux. La Galerie Défago est longue d'un kilomètre. Arrivés à Les Rives, les Mauerhofer retrouvent la terre ferme. De là, le chemin les mène à Draversa, puis le long de la

Champéry / Val d'Illiez

INFO

■ **Hin und zurück mit öV**
Von Aigle im Rhonetal fahren wir mit der Schmalspur-Zahnradbahn durchs Val d'Illiez bis Champéry. Direkt hinter dem Bahnhof befindet sich die Talstation der Grosskabinenbahn (Kursbuchfelder 126, 2110, 2117, 2106 und 2118).
■ **Anreise mit dem Auto**
Auf der A9 durchs Rhonetal bis zur Ausfahrt St-Triphon, weiter nach Monthey und durchs Val d'Illiez hinauf bis Champéry. Gratisparkplätze bei der Talstation der Luftseilbahn.
■ **Idealalter**
Sportliche Kids ab ca. 10 Jahren.
■ **Zeitaufwand**
Zwei-Tages-Abenteuer – die Schluchtwanderung dauert gut zweieinhalb Stunden, der Downhill-Spass nimmt den ganzen Tag in Anspruch.
■ **Höhenmeter**
376 m bergauf und bergab (Wanderung) – mit dem Bike meist bergab.
■ **Verpflegung**
Verschiedene Bergrestaurants.
■ **Auskünfte und Prospekte**
TCCPS SA, 1874 Champéry
Tel. 024 479 02 04
www.telechampery.ch
www.bikepark.ch

einer wildromantischen Schluchtenwanderung verbunden werden, ein Wunsch von Annette Mauerhofer. Also kanns losgehen. Die Reise ist kürzer als gedacht, und deshalb hat die ganze Familie noch Lust zum Wandern. Zunächst gehts in südlicher Richtung das Tal hinunter bis Vièze. Julian fällt schon von weitem die farbige Felsinschrift auf: «Galerie». Und genau in diese lotrecht abfallende Felswand führt der Rundweg. Dieser ist zwar gut gesichert, trotzdem ermahnt Frau Mauerhofer ihre

rivière (belles places de pique-nique) jusqu'à Champéry. Une petite montée clôt cette première aventure.

Le grand jour

■ Après une nuit tranquille à l'hôtel et un bon petit déjeuner, la grande aventure peut débuter. Monsieur Mauerhofer loue quatre vélos au magasin «Freeride», situé en dessus de la station du téléphérique. Le prix de la location n'est pas moindre,

Grosskabinenbahn bis Planachaux.
Téléphérique jusqu'à Planachaux.

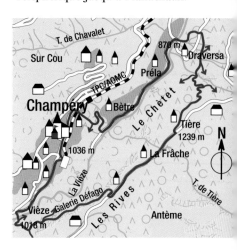

Champéry / Val d'Illiez

Oben: Downhill über Bergwege.
Rechts: Portes du Soleil.

Haut: downhill sur des chemins de
montagne. Droite: Portes du Soleil.

beiden Sprösslinge zu vorsichtigem Gehen – jedes Herumtoben wäre zu gefährlich. Die Galerie Défago ist knapp einen Kilometer lang – tief unten brodelt die Gischt. Bei Les Rives haben die Mauerhofers wieder «sicheren» Boden unter den Füssen. Der Rundweg führt über Draversa und dem Fluss entlang (schöne Picknickplätze) zurück nach Champéry. Ganz zum Schluss ist noch ein kleiner Aufstieg nötig. Aber schliesslich wollen die Mauerhofers für den nächsten Tag fit sein – und so meckert keiner.

Der grosse Tag

■ Nach einer ruhigen Nacht im Hotel und einem Frühstücksbuffet kann der

mais chacun possède ainsi un engin sûr. Puis, vient l'achat des cartes journalières pour les remontées mécaniques qui donnent accès à toutes les installations.

■ Depuis quelque temps déjà, les propriétaires de remontées mécaniques romands et français ont pris conscience que les gens voulaient aussi transporter leurs vélos. Dans le plus grand paradis du VTT du monde (380 kilomètres d'itinéraires marqués, 9 pistes de downhill et 23 installations), les remontées mécaniques des deux côtés de la frontière vivent, en été, principalement grâce aux fans du deux-roues.

■ Arrivés en haut, les Mauerhofer – dont Michel et Julien qui trépignaient d'impatience à l'idée de

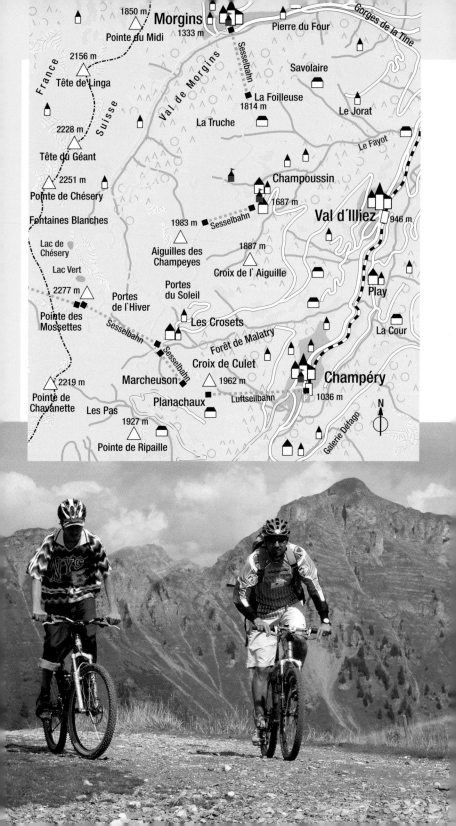

Champéry / Val d'Illiez

grosse Tag beginnen. Als Erstes mietet Herr Mauerhofer im «Freeride» (oberhalb der Talstation) vier stabile Bikes. Das ist zwar nicht ganz günstig, dafür bekommen alle ein sicheres Sportgerät. Als Nächstes werden an der Kasse der Luftseilbahn vier Tageskarten gelöst, sie bieten freie Fahrt auf allen Liften.

Im Gegensatz zu vielen Deutschschweizer Bergbahnen haben die Romands und Franzosen längst erkannt, dass auch Bikes transportiert werden wollen – und damit eine interessante Zielgruppe erschlossen. Im grössten Biker-Paradies der Welt (380 Kilometer markierte Routen, neun Downhill-Strecken, 23 Lifte) leben die Bahnen hüben und drüben der Grenze während des Sommers hauptsächlich von Zweirad-Freaks.

Eine Sessellift-Safari

Endlich oben, Julian und Mikel konnten die Abfahrt der 125-Perso-

Mehrmals wird das Bike mit einer Sesselbahn transportiert.

cette ascension dans la cabine pouvant contenir jusqu'à 125 personnes – foncent de Planachaux aux Crosets. De là, ils montent à la Pointe des Mossettes et redescendent sur Morgins par les Portes du Soleil. Comme ce tronçon n'est pratiquement qu'en descente, Julien trouve qu'il serait bon de mettre des gants pour mieux freiner. Après une pause tranquille dans la station de Morgins, ils remontent à la Foilleuse en télésiège. La prochaine descente conduit la famille Mauerhofer à Champoussin – cette fois, ils rencontrent une petite montée dont tous viennent à bout avec bravoure. Sur le chemin, un restaurant de montagne, possédant une belle terrasse panoramique, permet aux deux jeunes d'étancher leur soif et tous grignotent un petit en-cas.

■ Le prochain télésiège les mène à l'Aiguille de Champey. Arrivés en haut, une courte montée, passablement raide les attend. Julien et

Le vélo est transporté plusieurs fois en télésiège.

Fotos: François Bovernier (Seite 54)

Champéry / Val d'Illiez

nen-Gondel kaum erwarten, brausen die Mauerhofers von Planachaux nach Les Crosets hinunter. Dort wird das Bike in die Sesselbahn zur Pointe des Mossettes hinauf verladen. Von dort oben, dem Himmel etwas näher als anderswo, folgt die lange Abfahrt über Portes du Soleil nach Morgins hinunter. Es geht fast alles bergab, und zum Bremsen wären ein paar Handschuhe gut, findet Julian. Nach einer gemütlichen Erholungspause im Ferienort Morgins gehts mit dem Sessellift nach La Foilleuse hinauf. Die nächste Abfahrt führt die vier nach Champoussin – diesmal ist auch ein winziger Aufstieg dabei, den jeder mit Bravour meistert. Dazwischen befindet sich ein schönes Bergrestaurant mit Aussichtsterrasse, wo die beiden Jungs den grossen Durst stillen und alle noch ein Häppchen essen.

Der nächste Sessellift führt zur Aiguille des Champeys hinauf. Oben angekommen, gehts kurz, aber steil bergauf. Julian und Annette steigen ab, Vater Mauerhofer und Mikel schlagen sich tapfer. Die nun folgende Abfahrt führt wieder direkt nach Les Crosets zurück, wo die nächste Sesselbahn nach Marcheuson abfährt. Die Mauerhofers diskutieren, ob sie nach dieser Sesselbahn-Safari noch nach Frankreich wollen – entscheiden sich aber wegen Julian, der bereits etwas müde ist, direkt von Marcheuson über die Teerstrasse nach Champéry abzufahren. Hier kann man sich noch einmal so richtig den Fahrtwind um die Ohren sausen lassen. Was für ein Tag!

INFO

■ **Transports publics**
D'Aigle dans la plaine du Rhône, nous prenons le train à crémaillère passant par le Val d'Illiez jusqu'à Champéry. La station inférieure du téléphérique se situe derrière la gare (indicateur CFF pos. 126, 2110, 2117, 2106 et 2118).
■ **Trajet en voiture**
Nous traversons la plaine du Rhône sur la A9 jusqu'à la sortie St-Triphon. Puis nous roulons direction Monthey et le Val d'Illiez, jusqu'à Champéry. Places de parc gratuites près de la station du téléphérique.
■ **Âge idéal**
Enfants sportifs dès 10 ans.
■ **Durée**
Une aventure à planifier sur deux jours: la randonnée dans les gorges dure bien deux heures et demie et le downhill toute une journée.
■ **Dénivelé**
376 m en montée et descente (marche) – en vélo, pratiquement que de la descente.
■ **Boire et manger**
Divers restaurants de montagne.
■ **Renseignements et prospectus**
TCCPS SA, 1874 Champéry
Tél. 024 479 02 04
www.telechampery.ch

Annette poussent leurs vélos, tandis que le père et Michel se battent pour atteindre le sommet en premier. La descente qui suit les ramène aux Crosets, où le prochain télésiège les attend pour les mener à Marcheuson.

■ Les Mauerhofer se demandent s'ils veulent encore se rendre en France, mais Julien étant déjà passablement fatigué, ils redescendent par la route bétonnée jusqu'à Champéry. Ils dévalent la pente, le vent siffle dans leurs oreilles. Quelle journée!

Burgerbad / Leukerbad

Fischen im Lämmernsee, Wasserplausch im Burgerbad

Pêche au lac de Lämmern, et Bains de la Bourgeoisie

Im modernen Burgerbad gibts auch Attraktionen für die Familie.

Les Bains de la Bourgeoisie proposent des attractions familiales.

Bains de la Bourgeoisie / Loèche-les-Bains

■ Das spätsommerliche Wochenende auf der Gemmi und in Leukerbad wird Mikel Mauerhofer nicht so schnell vergessen. Es enthielt so ziemlich alles, was ein dreizehnjähriges Bubenherz begehrt. Auch sein fünf Jahre jüngerer Bruder Julian und seine Eltern kamen dabei voll auf ihre Kosten.

Über die Felsen zum See

■ Aber alles der Reihe nach: Das Abenteuer begann bereits nach der Ankunft in Leukerbad, als sie in die

■ Michel n'oubliera pas de si tôt ce week-end passé à la Gemmi et à Loèche-les-Bains. Il était en effet composé d'à peu près tout ce qui est susceptible de conquérir le cœur d'un jeune de 13 ans. Son frère, de cinq ans son cadet, ainsi que ses parents ont également savouré ce séjour.

Michel et Julien ont attrapé trois truites

■ L'aventure a commencé juste après leur arrivée à Loèche-les-Bains, alors qu'il grimpaient dans le petit téléphérique au-dessus d'une falaise

Gemmipass, 2346 m ü. M.
Col de la Gemmi à 2346 m.

INFO

■ **Hin und zurück mit öV**
Mit dem Intercity durch den Lötschbergtunnel nach Brig, dort in den Rhonetal-Interregio mit Halt in Leuk umsteigen. Bis Leukerbad hinauf fährt ein Bus (Kursbuchfelder 300, 100 und 100.82).
■ **Anreise mit dem Auto**
Von Bern über Spiez nach Kandersteg. Autoverlad durch den Lötschberg, weiter von Goppenstein ins Rhonetal hinunter und bei Leuk wieder den Berg hinauf nach Leukerbad.
■ **Idealalter**
Kinder ab 8 Jahren, Vorsicht ist auf dem Felsabstieg geboten.
■ **Zeitaufwand**
Zweimal zwei Stunden Wanderzeit, für alle Erlebnisse wird ein ganzes Wochenende benötigt.
■ **Höhenmeter**
946 m bergab, 74 m bergauf.
■ **Verpflegung**
Bergrestaurant auf der Gemmi, aus dem Rucksack am Lämmernsee.
■ **Auskünfte und Prospekte**
Burgerbad, 3954 Leukerbad Tel. 027 472 20 20 www.burgerbad.ch

de presque mille mètres de haut. Papa Mauerhofer a indiqué le petit sentier qui serpente dans la falaise. «C'est par là que nous descendrons demain» a-t-il déclaré. Sa femme a ri, pensant qu'il plaisantait.
■ Michel et Julien ont emporté leurs cannes à pêche. Depuis la station supérieure du téléphérique (2346 m d'alt.), ils ont marché une heure pour

Burgerbad / Leukerbad

Sonnenuntergang auf der Gemmi.
Coucher de soleil sur la Gemmi.

kleine Luftseilbahn stiegen, welche
über eine fast tausend Meter hohe
Felswand schwebte. Zum Glück
waren alle schwindelfrei. Papa
Mauerhofer deutete dabei auf das
Weglein, welches sich in endlosen
Serpentinen durch die Felsen wand.
Dort würden wir morgen absteigen,
erklärte er – und Annette Mauer-
hofer lachte, denn sie dachte, ihr
Mann mache einen Witz.

■ Mikel und Julian haben ihre An-
gelruten dabei, die Eltern ein gutes
Picknick und ein Tuch zum Relaxen.
Endstation der Luftseilbahnfahrt ist
der Gemmipass auf 2346 m ü. M. –
von hier aus wandern sie in etwa
einer Stunde durch den Lämmern-
boden zum Lämmernsee. Ein Tages-
fischerpatent haben sie vorher bei
der Gemeindepolizei in Leukerbad
bezogen.

■ Der Tag wird ein voller Erfolg.
Mikel und Julian fangen drei Forellen. Eine Feuerstelle gibts zwar nicht,
aber der Besitzer des Berghotels
Wildstrubel, Wolfgang Loretan, hat
versprochen, die Fische speziell für

INFO

■ **Transports publics**
*En train de Lausanne à Loèche. Un
bus conduit ensuite à Loèche-les-
Bains (indicateur CFF pos. 100 et
100.82).*
■ **Trajet en voiture**
*De Lausanne, direction Brigue par
l'autoroute de la plaine du Rhône.
Sortie d'autoroute de Sierre, route de
transit direction Loèche, puis route
de montagne jusqu'à Loèche-les-
Bains.*
■ **Âge idéal**
*Enfants dès 8 ans; la prudence est de
mise lors de la descente.*
■ **Durée**
*Deux fois deux heures de marche, un
week-end pour découvrir toutes ces
sensations.*
■ **Dénivelé**
946 m en descente, 74 m en montée.
■ **Boire et manger**
*Restaurant à Gemmi, pique-nique au
lac de Lämmern.*
■ **Renseignements et prospectus**
*Bains de la Bourgeoisie,
3954 Loèche-les-Bains
Tél. 027 472 20 20
www.burgerbad.ch*

atteindre le lac de Lämmern. Ils
avaient obtenu au préalable un
permis de pêche journalier au poste
de police de Loèche-les-Bains. Quel
succès! Michel et Julien ont attrapé
trois truites. Le propriétaire de l'hôtel
«Wildstrubel», a promis de préparer
les poissons spécialement pour eux.
Après le souper, ils ont fait une virée
jusqu'au lac de Dauben.

Des falaises aux Bains de la Bourgeoisie

■ Le lendemain, ce qu'Annette
Mauerhofer avait redouté jusqu'ici

Bains de la Bourgeoisie / Loèche-les-Bains

sie zu braten. Nach dem Abendessen folgt ein Ausritt hoch zu Ross zum Daubensee hinunter. Dabei erklärt Wolfgang, seiner Familie gehöre auch die Luftseilbahn, der Daubensee rinne im Winter wie eine Badewanne durch einen unterirdischen Abfluss aus – deshalb gebe es dort auch keine Fische.

■ Als «Bettmümpfeli» gibts noch gratis einen fantastischen Sonnenuntergang, den Annette und Richard bei einem Glas Wein geniessen, während Mikel und Julian, müde von den Erlebnissen dieses Tages in die Federn sinken.

Über die Felsen ins Burgerbad

■ Am nächsten Morgen wird dann doch wahr, was Annette Mauerhofer

devint réalité: la descente par le chemin des falaises. Michel et Julien étaient fous de joie, car ce sentier est palpitant. Il n'est pas aussi difficile qu'on pourrait le penser, pourtant la prudence est de mise. Les

Wanderparadies am Daubensee – das Wasser fliesst im Winter ab.

Paradis de la randonnée du lac de Dauben – l'eau se vide en hiver.

Burgerbad/Leukerbad

die ganze Zeit befürchtet hatte: der Abstieg über den Felsenweg. Mikel und Julian jubeln, denn dieser Weg ist ein Abenteuer für sich. Alles ist halb so schlimm, wie es von oben aussieht – dennoch ist Vorsicht geboten. Dies haben die beiden Jungs zur Kenntnis genommen und achten ernsthaft auf den Weg. Auch Annette ist zufrieden!

■ Der absolute Höhepunkt des Tages steht aber noch bevor: nämlich der Wasserplausch im Burgerbad. Hier können sich nicht nur die vom Abstieg geschundenen Gelenke erholen. Mikel und Julian haben hier richtig Fun. Es gibt nicht nur eine 70 Meter lange Rutschbahn, sondern auch Sprudelbecken, Plauschbad, Tischtennis, Beach-Volleyball und einen Kinderspielplatz.

■ Annette und Richard haben sich von ihren Kids getrennt und geniessen die Sonne auf der Liegewiese. Vorher waren sie im Fitnessraum, im

Ob Wellness oder Freiluftbaden – das Wasser ist 51° C warm.

deux jeunes en ont pris note et se sont montrés très attentifs.

Le toboggan long de 70 mètres

■ La sensation de la journée les attendait en bas: une baignade aux Bains de la Bourgeoisie. Leurs articulations, encore endolories par la descente, se sont montrées fort reconnaissantes! Les bambins ont profité pleinement du toboggan long de 70 mètres, des divers bassins, des tables de ping-pong, des terrains de beach-volley et de la place de jeux.

■ Annette et Richard ont laissé leurs rejetons à leurs occupations pour prendre un bain de soleil sur la pelouse. Avant cela, ils avaient tout de même passé par la salle de fitness, le bain de vapeur et le solarium.

■ Grâce à ce fascinant aménagement, Loèche-les-Bains est considéré comme le plus grand site de cures thermales d'Europe. Ces sources

Dans tous les bassins s'écoule une eau thermale bienfaisante.

Bains de la Bourgeoisie / Loèche-les-Bains

Serpentinen auf dem Felsenweg.
Les lacets du chemin de la Gemmi.

étaient déjà connues à l'époque romaine. En plus d'offres attrayantes pour les familles, l'établissement propose également des cures classiques avec prise en charge médicale.

Dampfbad und im Solarium. Wenn noch genug Zeit bleibt, besuchen sie noch die Sauna mit Garten. Ganz sicher werden sie sich aber an der American Bar erfrischen.

■ Dank dem faszinierenden Burgerbad gilt Leukerbad als grösster Thermalkurort Europas. Bereits die Römer kannten die Thermalquellen. Heute fliessen täglich drei Millionen Liter 51 Grad warmes Wasser in die 25 Thermalhallen oder Freiluftbäder. Neben dem Familienangebot gibts natürlich immer noch die klassische Kur mit ausgezeichneter medizinischer Betreuung.

■ Für Mikel und Julian geht ein erlebnisreiches Wochenende zu Ende. Aber sie haben gehört, dass man hier selbst im Winter noch draussen baden kann – ob sie vielleicht schon bald wiederkommen?

Das Burgerbad

Wenn das Thermometer in den Keller fällt, meterhoher Schnee auf den Wiesen liegt, gibt es Leute, die draussen ein Bad nehmen. Das sind keine wilden Abenteurer, sondern Badegäste in Leukerbad. Das Wasser dampft, denn aus den Bergen fliessen bis zu 51° C warme Thermen in den Pool des Burgerbades. Fit und jung bleiben heisst aber auch das Motto im sommerlichen Burgerbad. Ob im Hallenbad, in den drei Freibädern, dem Dampfbad oder den Kinderbädern – hier wird nur Thermalwasser aus den Bergquellen von Leukerbad angeboten! Selbst der Brunnen wird mit Thermalwasser gespeist – und es gibt eine schöne Rund- und Erlebniswanderung zu den Thermenquellen im Dorf.

Les Bains de la Bourgeoisie

Le thermomètre est au plus bas et des mètres de neige recouvrent la pelouse, pourtant certaines personnes se baignent avec délassement à l'extérieur. Ces gens ne sont pas des aventuriers sauvages, mais des hôtes en séjour à Loèche-les-Bains. L'eau des bassins des Bains de la Bourgeoisie – qui jaillit de la montagne à 51° – s'évapore dans l'air frais, formant ainsi une nappe de brume. Été comme hiver, cette eau thermale bienfaisante s'écoule dans le bassin couvert, dans les trois bassins extérieurs, dans le bain de vapeur et dans la piscine des enfants pour le plus grand plaisir des visiteurs. Un sentier sur le thème des sources thermales nous fait découvrir le village.

Murmelifütterung / Saas Fee

Rüebli und Nüssli für Riki und Roki in freier Wildbahn

Carottes et noix pour Riki et Roki en pleine liberté

Murmeltiere sind gesellige, am Tag aktive Nager. Die Familien leben in Kolonien an sonnigen Hängen auf 1000 bis 2700 m ü. M. Sie graben tiefe Röhrensysteme mit verschiedenen Ausgängen und Aufenthaltshöhlen. Zwischen Längfluh, Spielboden und dem Gletscherseeli – hoch oben unter den Viertausendern Saas Fees – sind Riki und Roki, zwei lustige Murmeltiere, zu Hause.

Im Murmeltierparadies

So wurden sie jedenfalls von Julian getauft, der letzten Sommer mit seinem Bruder Mikel und seinen Eltern

Wer die Murmeltiere füttern möchte, braucht viel Geduld.

Les marmottes sont des rongeurs sociaux, qui ont une activité diurne. Les familles vivent en colonie, sur les versants ensoleillés situés entre 1000 et 2700 mètres d'altitude. Elles creusent des systèmes de galeries complexes, avec différentes sorties et cavités de séjour. Riki et Roki, deux sympathiques marmottes, ont élu domicile sur les hauts de Saas Fee entre Längfluh, Spielboden et un petit lac glacier.

Le paradis des marmottes

Julien a baptisé les deux lurons ainsi lors de sa visite au paradis des

Qui veut nourrir les marmottes doit prendre son temps.

Les marmottes de Saas Fee

Edelweiss: ein spezielles «Leckerli» für Murmeltiere.
Edelweiss: une friandise délicieuse pour les marmottes.

marmottes en liberté, l'été dernier, en compagnie de son frère Michel et de ses parents. Riki, Roki et leurs amis sont si apprivoisés, qu'ils viennent même tout près des enfants chercher carottes, noix et autres friandises. Julien a appris que les sucreries ou les friandises qui contiennent des graisses sont mauvaises pour les estomacs de ces adorables habitants des montagnes. Riki et Roki mangent principalement des fleurs, des herbes en tout genre, des racines et des semences.

das lustige Murmeltierparadies in freier Wildbahn entdeckt hatte. Riki, Roki und ihre Freunde sind hier so zahm, dass sie sogar zu den Kindern kommen und sich mit Rüebli, Nüssen und anderen Leckereien füttern lassen. Julian hat gelernt, dass man den Magen der putzigen Bergbewohner nicht mit Süssigkeiten oder fetthaltigen «Leckerli» verderben soll. Riki und Roki ernähren sich hauptsächlich von Blumen, Gräsern, Wurzeln, Samen und Kräutern.

Die Begegnung mit den Tieren hat der Familie so viel Eindruck gemacht, dass sie letzten September noch einmal nach Saas Fee fuhr, um möglichst viele Murmeltiere zu sehen, zu füttern und zu fotografieren. Mikel, inzwischen schon 13 Jahre alt, hat

INFO

■ **Transports publics**
Brigue, située sur la ligne du Simplon, est un nœud ferroviaire important. De là, le car postal conduit directement à Saas Fee (indicateur CFF pos. 145.10 et 300).
■ **Trajet en voiture**
Saas Fee est atteignable depuis Viège, Stalden, la vallée de Saas et Saas Grund. Le village est interdit à la circulation. Depuis le parking situé à l'entrée du village, nous rejoignons la télécabine à pied.
■ **Âge idéal**
Enfants qui marchent volontiers dès 6 ans.
■ **Durée**
Bien trois heures de marche, y compris l'observation des marmottes, au moins quatre heures.
■ **Dénivelé**
1070 m en descente.
■ **Boire et manger**
Restaurants de montagne à Längfluh, Spielboden et Gletscheralp – superbes places de pique-nique en chemin!
■ **Renseignements et prospectus**
Saas Fee Tourisme, 3906 Saas Fee Tél. 027 958 18 58 www.saas-fee.ch

Murmelifütterung / Saas Fee

INFO

■ **Hin und zurück mit öV**
Brig an der internationalen Simplonlinie ist ein wichtiger Bahnknotenpunkt. Von hier aus fährt das Postauto direkt nach Saas Fee (Kursbuchfelder 145.10 und 2300).
■ **Anreise mit dem Auto**
Saas Fee erreichen wir über Visp (BLS-Autoverlad oder via Autobahn durchs Rhonetal), Stalden, Saaser Tal und Saas Grund. Das Dorf ist autofrei. Vom Parkhaus gehts zu Fuss zur Talstation der Gondelbahn.
■ **Idealalter**
Wandererprobte Kids ab ca. 6 Jahren.
■ **Zeitaufwand**
Gut drei Stunden Wanderzeit, inklusive Murmeltierbeobachtung mindestens vier Stunden.
■ **Höhenmeter**
1082 m bergab.
■ **Verpflegung**
Bergrestaurants Längfluh, Spielboden und Gletscheralp – am Wegrand gibts auch superschöne Picknickplätze!
■ **Auskünfte und Prospekte**
Saas Fee Tourismus, 3906 Saas Fee Tel. 027 958 18 58 www.saas-fee.ch

■ Cette rencontre avec ces adorables rongeurs a tant impressionné la famille Mauerhofer, que tous sont retournés à Saas Fee en septembre, afin de voir, nourrir et photographier le plus grand nombre de marmottes. Michel, âgé de 13 ans, s'est montré très courageux en informant les propriétaires de chiens qui prenaient la télécabine pour Spielboden de tenir leur compagnon à quatre pattes en laisse. Il les aurait volontiers renvoyés à la maison! Michel aime les chiens, mais pas dans le paradis des marmottes.

■ Julien a eu beaucoup de plaisir à vivre cette journée en montagne, même la randonnée ne lui a pas paru ennuyeuse. Il voyait sans cesse de nouvelles marmottes, sans l'aide de jumelles. Sa maman lui a fait remarquer que ce n'était pas toujours

ganz schön viel Mut bewiesen und alle Hundebesitzer, welche in die Gondelbahn nach Spielboden eingestiegen sind, darauf aufmerksam gemacht, dass sie ihre Vierbeiner an die Leine nehmen sollen. Am liebsten hätter er sie ins Pfefferland gewünscht. Mikel mag ja Hunde, aber eben nicht im Murmeliparadies.

■ So macht Wandern Spass, fand Julian, der immer wieder ein neues Murmeltier entdeckte. Nicht einmal ein Fernglas brauchte er dazu. Seine Mutti machte ihn aber darauf auf-

Mit Murmeltieren auf Du und Du.
Tête à tête avec les marmottes.

Les marmottes de Saas Fee

**Nur Rüebli und Nüsse den Mur-
melis geben – keine Süssigkeiten!**

**Ne donner que des carottes et des
noix aux marmottes!**

merksam, dass dies nicht immer so
ist. Sind viele Leute unterwegs, so
bleiben oft die Begegnungen aus. Es
braucht also auch eine Portion Geduld und viel Zeit dazu. «Nichts für
hektische Stadtmenschen», lacht
Mikel – obwohl er auch in der Stadt
wohnt. Hier oben ticken die Uhren
eben anders.

ainsi. Si beaucoup de randonneurs
sont présents, les habitants des
montagnes restent cachés. Il faut
alors de la patience et du temps.

Pas de courbatures pour Michel

■ La promenade reliant Längfluh,
Spielboden et le lac glacier, pour

Murmelifütterung / Saas Fee

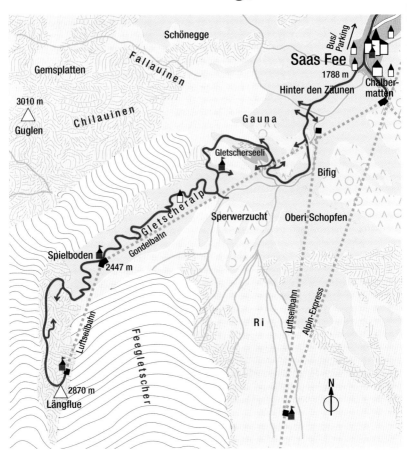

Kein Muskelkater für Mikel

■ Um von der Längfluh über Spiel-boden und das Gletscherseeli bis nach Saas Fee hinunterzuwandern, brauchen die Mauerhofers nicht nur viel Zeit – sondern vor allem gute und griffige Schuhe. Der Weg ist steil, steinig, und es werden über 1000 Höhenmeter «bezwungen» – völlig mühelos in der Falllinie. Nein, ganz so mühelos fand es Papa Mauerhofer nicht. Der Berg hat ihm einen lästigen Muskelkater verpasst.

conduire enfin à Saas Fee, est relati-vement longue. Des chaussures bien profilées sont indispensables, car le chemin est raide, caillouteux et il présente un dénivelé de plus 1000 mètres. Certains, comme le papa Mauerhofer, se souviendront long-temps de leurs courbatures! «C'est ainsi, quand on reste assis toute la journée au bureau!» taquina Michel. Pourtant, c'est avec plaisir que Monsieur Mauerhofer est revenu à Längfluh, pas seulement pour les marmottes, mais également pour le

Zum Teil sind die Tiere sehr zutraulich und warten auf Futter.

Ces animaux peuvent être très
confiants et réclamer à manger.

Kommt davon, wenn man den ganzen Tag nur im Büro sitzt, lachte
Mikel. Ihm könnte so etwas nicht
passieren. Trotzdem ist auch Richard
Mauerhofer gerne wieder auf die
Längfluh gefahren – nicht nur wegen
der Murmeltiere. Die Aussicht ist hier
fantastisch. Sie befinden sich auf
einem Grat zwischen zwei Gletschern. Schon die Fahrt mit der
Bergbahn ist ein Erlebnis für sich.
Am meisten schätzt Annette Mauerhofer aber, dass es in Saas Fee keine
Autos gibt. Diese bleiben draussen
im Parkhaus. Die Dorfstrasse gehört
deshalb ganz ihren Kindern!
■ Julian hat übrigens in Saas Fee
ein Kinderbuch von Roki entdeckt –
jetzt hat er schon eins von Globi,
vom Zwärg Baartli, von den Muggestutz-Zwergen und eben von Roki,
dem Murmeltier. Dies gibts in jeder
Buchhandlung (oder im Internet
unter www.editionlan.com).

panorama fantastique que l'on y
découvre. Rien que le trajet en télécabine est une aventure inoubliable.
Ce qui plaît le plus à Annette
Mauerhofer, c'est l'absence de voitures dans le village de Saas Fee. Les
rues appartiennent ainsi aux enfants.
Julien a découvert, dans le village,
un livre sur Roki – Roki la marmotte.
Ce joli souvenir est disponible par
Internet: www.editionlan.com.

Rodelbobbahn «Feeblitz».
Luge d'été au «Feeblitz».

Erlebnisweg / Saas Almagell

Familienkick in der Felswand
Poussées d'adrénaline en famille

Einstig in die Felswand Hohlerch oberhalb von Furggstalden.

La porte de l'aventure dans les falaises de Furggstalden.

■ Wer zu Schwindel neigt oder einen Hund bei sich führt, blättert am besten gleich weiter zum nächsten Kapitel. Alle mit einem Affen oder einem Steinbock als Haustier, oder wer ganz einfach Lust auf etwas Familienkick hat, der kommt in den Felswänden oberhalb von Saas Almagell voll auf seine Kosten.

Einstieg ins Erlebnis

■ Das Abenteuer beginnt an der Talstation der Sesselbahn Saas Almagell–Furggstalden. Der Fahrpreis ist

■ Celui qui est sujet au vertige ou qui tient à emmener son chien dans toutes ses aventures devrait passer directement au prochain chapitre. En effet, cette excursion s'adresse aux familles sportives, qui n'ont pas froid aux yeux et qui ont envie de vivre une poussée d'adrénaline au beau milieu des falaises situées au-dessus de Saas Almagell.

Entrée dans l'aventure

■ L'aventure commence à la station inférieure du télésiège Saas Almagell–

Chemin aventurier / Saas Almagell

moderat und der Auftakt im luftigen und aussichtsreichen Zweiersitz gemütlich. Fast kämen wir bei der Bergstation in Versuchung, eines der Trottis zu mieten, um damit durch den würzigen Lärchenwald ins Tal hinunterzubrausen.

■ Aber unsere Ziele sind viel spannender. Wir blicken hinauf zu den Felsen und wundern uns, wo da ein Durchkommen ist. Der Wegweiser zeigt unmissverständlich in diese Richtung, und schon bei der Bergstation Furggstalden steht, dass nur Schwindelfreie auf dem Erlebnisweg zugelassen sind. Wenn es regnet, ist die Begehung des Steigs verboten. Ebenso dürfen sich keine Kinder ohne Begleitung von Erwachsenen auf dieser Strecke tummeln.

Die ersten Schritte sind recht harmlos, gehts doch an den Alphütten von Furggstalden vorbei und über die Forststrasse in den Wald.

Klettersteig mit Sicherung

■ Bei der ersten Haarnadelkurve ist aber fertig lustig. Ein Schild warnt nochmals vor Schwindel, und der Bergweg weist über Stock und Stein unter die Felsen hinauf.

■ Auftakt des grossen Abenteuers ist eine Holztreppe mit Gitterroststufen. Sie ist harmlos und recht schnell bestiegen. Dann aber gehts gleich richtig los: Der Weg traversiert den Fels, Stufen und sogar Leitern gilt es emporzuklettern. Der ganze Weg ist aber vorbildlich gesichert. Wir können uns überall an nigelnagelneuen Drahtseilen festhalten, die nicht wie

Furggstalden. Le prix de la course est modéré et la montée est très agréable. Arrivés au terminus, nous cédons presque à la tentation de louer une trottinette et de dévaler ainsi la pente, à travers de belles forêts de mélèzes, jusque dans la vallée.

■ Mais notre but est bien plus passionnant. Nous observons les falaises qui nous dominent et nous nous demandons où il peut bien exister un passage? Pourtant l'indicateur pédestre montre incontestablement cette direction. Un panneau près de la station de Furggstalden n'autorise que les personnes qui ne sont pas sujettes au vertige à s'engager sur le sentier aventurier. Lorsqu'il pleut, son accès est également interdit. Les enfants qui ne sont pas accompagnés d'adultes ne sont pas non plus

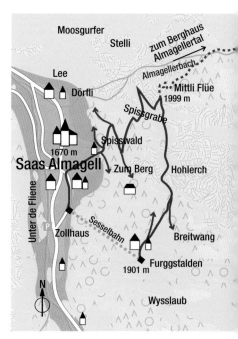

Erlebnisweg / Saas Almagell

INFO

Hin und zurück mit öV
Brig an der internationalen Simplon-linie ist ein wichtiger Bahnknoten-punkt. Von hier aus fährt das Post-auto über Saas Grund (umsteigen) nach Saas Almagell. Bis Furggstal-den fährt ein Sessellift (Kursbuch-felder 145.10, 145.15 und 2315).

Anreise mit dem Auto
Saas Almagell erreichen wir über Visp (BLS-Autoverlad oder via Auto-bahn durchs Rhonetal), Stalden, Saaser Tal und Saas Grund. Wenige Schritte von der Talstation der Sesselbahn gibts einen Parkplatz.

Idealalter
Mutige Kids (und schwindelfreie Eltern) ab ca. 9 Jahren.

Zeitaufwand
Knapp zwei Stunden Wanderzeit, inklusive Abenteuer und Picknick sollte man mindestens drei Stunden einrechnen.

Höhenmeter
115 m bergauf, 329 m bergab.

Verpflegung
Gemütliches Bänkli über den Felsen oder Berghaus Almagelleralp (zusätzlich ca. 40 Wanderminuten).

Auskünfte und Prospekte
*Tourismusbüro, 3905 Saas Almagell Tel. 027 958 66 44
www.saas-almagell.ch*

Tief unten im Tal: Saas Almagell.
Dans la vallée, Saas Almagell.

habilités à s'y aventurer. Les premiers mètres sont tout à fait anodins. Nous passons par les cabanes alpines de Furggstalden pour nous engager dans la forêt sur un chemin pédestre.

Un pont suspendu de 65 mètres de long

■ La rigolade est finie après la pre-mière épingle à cheveux. Un pan-neau prévient encore une fois des risques de vertige, tandis que le chemin se dirige vers la falaise.
■ Le départ de la grande aventure est marqué par un escalier en bois dont les marches sont faites de gril-les métalliques. Ensuite, tout s'en-chaîne: le chemin traverse la falaise, nous faisant grimper nombre de marches et d'échelles. Le parcours est assuré de manière exemplaire. Des câbles d'acier neufs nous permettent de nous tenir. Ces derniers ne sont pas montés, comme à beaucoup d'autres endroits, contre la falaise, mais du côté du vide, ce qui prévient des glissements ou des chutes. Il est bon de rappeler souvent aux enfants de se tenir tranquilles. Ce qui est certain, c'est qu'ils adoreront cette excursion et préfèrerons ce sentier à bien d'autres promenades dominica-les. Après une courte pause pour reprendre notre souffle – un banc en bois nous invite au pique-nique et à la détente – et l'aventure de conti-nuer. Nous cheminons le long de la falaise quand soudain nous décou-vrons devant nous un pont suspendu de 65 mètres de long. Tout le monde se sent ici comme transporté dans

Chemin aventurier / Saas Almagell

Etwas Mut gehört zur Überquerung der 65 Meter langen Hängebrücke.

Un peu de courage est nécessaire à la traversée du pont suspendu.

Erlebnisweg / Saas Almagell

Schmale, gut gesicherte Passagen.
Passages étroits bien assurés.

les gorges des Andes. L'appareil photo fait place à la machette, mais nous avons tout de même la sensation d'être Crocodile Dundee ou Indiana Jones et notre cœur bat la chamade.

■ Le premier pont en cache un autre, où seules trois personnes peuvent marcher simultanément. Après ce dernier obstacle, nous nous trouvons à nouveau sur un chemin de montagne convenable. Au prochain croisement, nous décidons si nous voulons descendre directement en direction de Saas Almagell ou si nous marchons jusqu'au restaurant dans la vallée d'Almagell (40 min aller-retour).

Auf den schwankenden Hängebrücken haben Schwindelfreie Vortritt.

Place à ceux qui n'ont pas le vertige!

Chemin aventurier / Saas Almagell

andernorts auf der Bergseite montiert sind – sondern auf der Talseite gegen Abrutschen oder gar Abstürzen sichern. Kinder sind zu vorsichtigem Gehen zu ermahnen. Gerade sie werden dieses Abenteuer schätzen und den Erlebnisweg als wohltuende Alternative zum üblichen Sonntagsmief lieben. In jedem Kind steckt ein kleiner Abenteurer – und selbst 14jährige Pupertierende lassen sich zu einem solchen Ausflug noch überreden. Nach einer kurzen Verschnaufpause – eine einzige hölzerne Ruhebank lädt zum Picknick ein – gehts dann erst richtig los. Wieder weist der Klettersteig den Felsen entlang, und plötzlich stehen wir vor einer 65 Meter langen, schwankenden Hängebrücke. Hier fühlt sich jedermann sofort in die unwegsamen Schluchten der Anden versetzt – anstelle eines Buschmessers haben wir zwar einen Fotoapparat – und trotzdem fühlen wir uns etwas wie Crocodile Dundee oder Indiana Jones. Nach der ersten Hängebrücke folgt noch eine zweite – höchstens drei Personen dürfen zusammen die schwankende Brücke betreten –, und schliesslich ist der ganze Spuk vorbei.

Wir befinden uns wieder auf einem ordentlichen Bergweg. Bei der ersten Wegverzweigung entscheiden wir uns, direkt nach Saas Almagell abzusteigen oder nochmals 40 Minuten (für den Hin- und Rückweg) bis zum Berghaus im Almagellertal zu wandern. Dort oder im Tal unten können wir uns von den «Strapazen» erholen.

Treppenstufen in der Felswand.
Escalier dans la falaise.

INFO

■ **Transports publics**
Brigue, nœud ferroviaire important, se situe sur la ligne internationale du Simplon. De là, le car postal conduit à Saas Grund (changement), puis à Saas Almagell. (indicateur CFF pos. 145.10,145.15 et 2315).
■ **Trajet en voiture**
Saas Almagell est atteignable par Viège, Stalden, la vallée de Saas et Saas Grund. Quelques mètres séparent le parking de la station du télésiège.
■ **Âge idéal**
Enfants courageux (et parents qui n'ont pas le vertige) dès 9 ans.
■ **Durée**
Juste deux heures de randonnée. En prenant son temps et en pique-niquant, il faut compter au minimum trois heures.
■ **Dénivelé**
*115 m en montée,
329 m en descente.*
■ **Boire et manger**
Banc tranquille au-dessus des falaises ou restaurant Almagelleralp (40 min de marche supplémentaires).
■ **Renseignements et prospectus**
*Office du tourisme,
3905 Saas Almagell
Tél. 027 958 66 44
www.saas-almagell.ch*

Grimmimutz / Diemtigtal

Fliegende Hexen und Tränen im Brunnen

Sorcières et petits nains dans un cadre magique

■ Kinder lieben wandern, doch nur, wenn sie unterwegs spielen, etwas erleben und von der Natur lernen können. Und natürlich nur mit einem anständigen Picknick am Lagerfeuer. Stumpfsinniges und stundenlanges Bergaufwandern hat schon manche Familienkrise am Sonntag verursacht.

Das Rezept mit dem Weg

■ Ganz anders im Diemtigtal: Obwohl es steil bergauf geht, laufen die Kinder voller Eifer voraus. Das Rezept: Man nehme eine Hexe und einen Zwerg, mische alles mit viel Natur und einer spannenden Ge-

Auf dem abenteuerlichen Weg wandert die Jungmanschaft gerne.

■ Les enfants aiment se promener, mais uniquement lorsqu'ils peuvent jouer en chemin, vivre une aventure ou apprendre quelque chose dans la nature. Ils adorent également faire de vrais piques-niques autour d'un feu de camp. Par contre, les expéditions en montagne de plusieurs heures sont souvent la cause de contrariétés familiales.

Un chemin magique

■ A Diemtigtal, bien que le chemin grimpe, les enfants marchent devant avec ardeur. La recette: prendre une sorcière et un nain, mélanger le tout

Les jeunes marchent d'un bon pas sur le chemin aventurier.

Grimmimutz / Diemtigtal

Memory im harzigen Tannenwald.
Mémory dans une belle forêt.

INFO

■ **Hin und zurück mit öV**
*Von Bern fährt der Zug via Spiez
nach Oey-Diemtigen. Weiter gehts
mit dem Postauto bis auf die Grim-
mialp zuhinterst im Diemtigtal
(Kursbuchfelder 320 und 320.15).*
■ **Anreise mit dem Auto**
*Auch mit dem Auto sind wir rasch
am Ziel. Bei Spiez fahren wir in
Richtung Zweisimmen und achten
auf die Verzweigung Diemtigtal,
danach bis ans Ende der Strasse auf
der Grimmialp fahren (Parkplatz).*
■ **Idealalter**
Alle Kids ab 5 Jahren.
■ **Zeitaufwand**
*Rund eineinhalb Stunden Wander-
zeit, inklusive Spielen und Picknick
sollte man zweieinhalb bis drei
Stunden einrechnen.*
■ **Höhenmeter**
171 m bergauf und bergab.
■ **Verpflegung**
Feuerstellen, Rest. Spillgerten.
■ **Auskünfte und Prospekte**
*Diemtigtal Tourismus, 3753 Oey
Tel. 033 681 26 06
www.diemtigtal.ch*

avec une belle nature et une histoire
fascinante. Il en résulte un livre de
contes et un sentier ainsi qu'un
dimanche en famille réussi. Les jérémiades seront assurément inexistan-
tes. Grimmimutz, le petit nain bour-
ru, ne se fait pas voir souvent, mais
ses traces sont partout et il nous
invite à le suivre dans une aventure
passionnante.

■ Nous atteignons Grimmialp, le
point de départ de notre randonnée,
grâce au train régional pour Zweisimmen au départ de Spiez. A Oey-
Diemtigen, nous prenons le car postal jusqu'au terminus, situé près de
l'Hôtel Spillgerten. Les automobilis-
tes empruntent le même itinéraire et
peuvent parquer gratuitement leur
véhicule 200 mètres plus loin.

Le vol de la sorcière

■ C'est ici que tout commence.
Nous suivons les indicateurs pédestres «Grimmimutz» et marchons
quelques mètres sur le goudron
avant de bifurquer à gauche pour
atteindre le premier poste de jeu: un
mémory. Les enfants testent ici leurs
capacités mémorielles grâce à des
images tirées du livre de contes. La
place de pique-nique toute proche
nous offre la possibilité de prendre
les neuf-heures. Au poste suivant, les
enfants doivent chercher des bran-
ches sèches et des pommes de pin.
Celles-ci sont assemblées pour former un «plumeau» pour la grillade de
midi. Nous poursuivons et traversons
le ruisseau de Senggibach, dont les
eaux claires regorgent de truites, que

Grimmimutz / Diemtigtal

schichte – daraus wird ein Märlibuch und ein Erlebnisweg, und fertig ist das Geheimnis für einen gelungenen Sonntag. Man wird garantiert kein Jammern der Kleinen hören. Der Grimmimutz, das knorrige Männlein, ist zwar selten zu sehen, doch seine Spuren sind überall zu finden.

Auf die Grimmialp, den Ausgangspunkt des Erlebnisweges, gelangen wir von Spiez aus mit dem Regionalzug in Richtung Zweisimmen. In Oey-Diemtigen steigen wir ins Postauto um und fahren bis zur Endstation beim Hotel Spillgerten. Die Autofahrer benutzen die gleiche Route, nur können sie noch 200 Meter weiter bis zum gebührenfreien Parkplatz fahren.

Wedelbock und Hexenflug

Hier gehts richtig los; wir folgen den hölzernen Grimmimutz-Wegweisern, zunächst auf Hartbelag, nach wenigen Schritten biegen wir aber links ab und kommen zur ersten Spielstation mit Memory. Hier testen

Energie beim Sägen loswerden ...
Se défouler en sciant du bois.

INFO

■ **Transports publics**
De Berne, nous prenons le train jusqu'à Oey-Diemtigen, via Spiez. De là, le car postal nous conduit à Grimmialp (indicateur CFF pos. 320 et 320.15).
■ **Trajet en voiture**
Autoroute Berne–Spiez, puis direction Zweisimmen (attention à la bifurcation pour Diemtigtal!). Nous roulons ensuite jusqu'à Grimmialp.
■ **Âge idéal**
Enfants dès cinq ans.
■ **Durée**
Une heure et demie de randonnée. En comptant les jeux et le pique-nique, il faut réserver deux heures et demie à trois heures.
■ **Dénivelé**
171 m en montée et descente.
■ **Boire et manger**
Places de pique-nique, rest. Spillgerten.
■ **Renseignements et prospectus**
Dietmigtal Tourismus, 3753 Oey Tél. 033 681 26 06 www.diemtigtal.ch

Grimmimutz nous propose d'observer. Encore quelques pas et les bambins auront la sensation de voler telle une sorcière sur son balai grâce à une installation ingénieuse. Quel plaisir! Ils semblent ne plus pouvoir s'arrêter. Mais toutes ces aventures donnent faim. La place de pique-nique de Würzi, avec son foyer pour les grillades, située au bord du ruisseau de Senggibach est bienvenue. Rapidement, les braises rougeoient et, pendant que nos saucisses grillent sur le feu, nous partons à la recherche du nain. Assis confortablement autour du feu, nous savourons bientôt notre pique-nique en nous

Grimmimutz / Diemtigtal

Zahlreiche Feuerstellen laden zum Wurstbraten ein.

Belles places de pique-nique pour les grillades.

remémorant les aventures de la matinée.

Une belle bataille d'eau

■ Après le repas, nous entamons une raide ascension en zigzag pour atteindre la Cabane de Türli. Les parents peuvent, de temps à autre, reprendre leur souffle grâce à de nouveaux postes de jeux. La maisonnette de Mutz nous propose de faire un dessin pour l'échanger à l'hôtel Spillgerten contre un sirop et ainsi participer à un concours. Un peu plus loin, il faut faire tomber la sorcière au moyen de pommes de pin. Qui a le meilleur lancé? Finalement, nous atteignons la fontaine située en dessous de la cabane de Türli. Nous pouvons y boire les larmes de Spillgert (un héros du livre de contes) ou

Grimmimutz / Diemtigtal

die Kinder ihre Erinnerungsfähig-
keiten mit Bildern aus dem Märlibuch. Bei der nahe gelegenen Brätlistelle kann zugleich das Znüni einge-
nommen werden. Beim Wedelbock,
der nächsten Station, suchen sich die
Kinder dürre Äste und Tannenzweige.
Diese werden zu einer «Wedele» für
das spätere Grillfeuer zusammenge-
bunden. Kurz darauf überqueren wir
den Senggibach, wo wir ermuntert
werden, im glasklaren Bächlein die
Forellen zu beobachten. Wenige
Schritte weiter taleinwärts lässt sich
auf einer Seilbahn der Hexenflug
ausprobieren. Nach so viel Spiel und
Spass meldet sich bereits wieder der
Hunger. Da kommt die Brätlistelle
Würzi am Senggibach gerade richtig.
Während die mitgebrachten Würste
auf dem Grill brutzeln, lohnt sich
vielleicht die Suche nach dem Mutz.
Die Brücke über den Bach wurde
übrigens von Jungs der Pfadi erstellt.

Eine fetzige Wasserschlacht

■ Jetzt folgt im Zickzackkurs der
steile Aufstieg. Zwischendurch kann
man im Blockhaus Mutzenstube ver-
schnaufen. Meistens liegen hier
Papier und Stifte bereit, das Aus-
malen des Bilderbogens lohnt sich
garantiert! Weitere kleine Pausen
(wohl eher für die inzwischen müden
Eltern) gibts direkt am Weg. Dort
lassen sich Hexen entzaubern – oder
wer wirft am besten mit Tannenzapfen? Schliesslich wird der Brunnen
unterhalb der Türlihütte erreicht. An
diesem Brunnen lassen sich Spillgerts
(ein Held aus dem Märlibuch) Tränen

Fotos: Ronald Gohl

Oben: Holzbündel fürs Feuer.
Unten: Bilderbuch zum Erlebnisweg.

Haut: fagot de bois pour le feu.
Bas: livre de contes de Grimmimutz.

trinken oder eine fetzige Wasser-
schlacht veranstalten. Wir überqueren einen namenlosen Seitenbach,
kommen zur Kletterwand – und es
bleibt der Abstieg zurück ins Tal. Wer
Lust auf das Märlibuch bekommen
hat, kann dies im Hotel Spillgerten
oder auf dem Rückweg im Tourismusbüro Oey-Diemtigen kaufen.

faire une bataille d'eau – rafraîchissement apprécié de tous. Il ne nous
reste plus qu'à traverser le petit ruisseau et redescendre dans la vallée. Il
est possible de se procurer le livre de
contes à l'hôtel Spillgerten (uniquement en langue allemande). Fatigués
mais heureux, nous reprenons tous le
chemin de la maison.

Lenk / Simmental

Erlebnisse auf dem Murmeli-Trail
Chemin aventurier et marmottes

Auf der Balance-Brücke üben wir Geschicklichkeit über dem Bach.

Entraînement d'adresse sur le pont qui traverse le ruisseau.

■ Es ist noch frisch am frühen Morgen auf dem Leiterli (1943 m ü. M.), aber der helle, blaue Himmel kündet einen strahlend sonnigen Tag an. Der kleine Julian stürmt als Erster aus der Gondel, während ihn sein grosser Bruder Mikel zur Ruhe mahnt. Das leuchtet ein, denn Murmeltiere sind scheue Wesen, die Lärm, Hunde und viele Menschen meiden.

■ Il fait encore frais de bonne heure le matin à Leiterli (1943 m d'alt.), mais le ciel bleu-clair annonce une belle journée. Le petit Julien est le premier à bondir hors de la cabine, tandis que son grand frère, Michel, le rappelle à l'ordre. C'est pourtant évident, les marmottes sont des créatures timides qui évitent le bruit, les chiens et la foule.

Erlebnis mit Pfiff

Une aventure originale

■ Nicht jeder hat das Glück, auf dem Leiterli gleich eine Murmeltierkolonie

■ Peut-être Julien n'aura-t-il pas la chance de voir une colonie de mar-

Lenk / Simmental

live beim Spielen zu beobachten. Wenn aber der scharfe Pfiff eines wachsamen Tieres ertönt, so hat man durchaus Chancen – besonders natürlich am frühen Morgen, wenn es auf dem Leiterli noch nicht so betriebsam zu und her geht. Ein Fernglas mitzunehmen lohnt sich.

■ Auch wenn Julian keinen echten Murmeltieren begegnet, muss er nicht enttäuscht sein und quängeln. Hat doch die Betelbergbahn einen Weg mit vielen Spielposten zwischen Berg- und Mittelstation angelegt. Dieser ist natürlich gut markiert und führt alles bergab. Zunächst geht

mottes en train de jouer, mais il n'aura aucune raison d'être déçu. En effet, la société des remontées mécaniques de Betelberg a créé un chemin avec des postes de jeux reliant la station supérieure et la station intermédiaire de la télécabine. Celui-ci est bien marqué et son parcours est en descente. La famille Mauerhofer longe un court instant le tracé de la télécabine avant de partir à droite pour passer sous les câbles et vivre ainsi une première sensation forte: un terrier de marmottes géant. Julien et son frère ont ainsi l'occasion de sonder un (vrai) terrier et ses

INFO

■ **Hin und zurück mit öV**
Von Bern fahren wir über Spiez das Simmental hinauf bis Zweisimmen. Dort steigen wir in die MOB-Schmalspurbahn und gelangen nach weiteren 18 Minuten an die Lenk (Kursbuchfelder 320 und 120).
■ **Anreise mit dem Auto**
Praktisch parallel zur Bahn verläuft die Autostrasse (Autobahn bis Wimmis).
■ **Idealalter**
Kinder ab 5 Jahren, mit etwas Geschick auch Kinderwagen möglich.
■ **Zeitaufwand**
Rund eineinhalb Stunden Wanderzeit, inklusive Spielen sollte man gut drei Stunden einrechnen.
■ **Höhenmeter**
309 m bergab.
■ **Verpflegung**
Drei Bergrestaurants am Weg, Feuerstelle am Dufti-Seeli.
■ **Auskünfte und Prospekte**
Lenk Bergbahnen, 3775 Lenk i. S. Tel. 033 733 20 20 www.lenkbergbahnen.ch info@lenkbergbahnen.ch

Murmeltier–Babys in der Höhle.
Bébés marmottes dans leur terrier.

sorties de secours. Attention les mamans: les enfants ne devraient pas forcément porter leurs pantalons du dimanche, car les genoux seront assurément sales!

■ Après avoir visité chaque recoin de la cavité, Julien entend un pre-

Lenk / Simmental

Ein angenehm leichter Spazierweg.
Un chemin pédestre agréable.

INFO

■ **Transports publics**
Depuis Berne, le train passe par Spiez et la vallée du Simmental jusqu'à Zweisimmen. De là, le MOB conduit à Lenk en 18 min (indicateur CFF pos. 320 et 120) / Autre itinéraire possible par Montreux.
■ **Trajet en voiture**
Depuis Château-d'Oex (atteignable par Bulle ou Aigle), direction Zweisimmen puis Lenk.
■ **Âge idéal**
Enfants dès 5 ans, possible avec un peu d'habileté en poussette.
■ **Durée**
Environ une heure et demie de marche, en comptant les jeux, il faut prévoir bien trois heures.
■ **Dénivelé**
309 m en descente.
■ **Boire et manger**
Trois restaurants le long du chemin, place de pique-nique.
■ **Renseignements et prospectus**
Lenk Bergbahnen, 3775 Lenk i.S.
Tél. 033 733 20 20
www.lenkbergbahnen.ch
info@lenkbergbahnen.ch

Familie Mauerhofer ein kleines Stück parallel zur Gondelbahn, zweigt nach wenigen Schritten rechts ab, unterquert das Gondelbahn-Trassee und erreicht schon bald den ersten Höhepunkt: die Murmeli-Höhle zum Spielen. Hier können Julian und sein grosser Bruder einen (fast) echten Murmeltierbau mit Fluchtröhre erkunden. Achtung, Mütter: Ihre Kinder sollten nicht die besten Sonntagshosen anziehen, denn neben dem Entdeckerspass sind auch schmutzige Knie garantiert!

■ Nachdem die Höhle ausgekundschaftet wurde, hört Julian den ersten Pfiff vom Hang darüber. Schnell das Fernglas her, vielleicht entdeckt er als Erster das echte Murmeli. Eine andere Familie gestikuliert wild und zeigt in die Alpenrosenstauden.

Arbeit an der Murmeli-Waage

■ Schon gehts weiter zum nächsten Posten – einer ziemlich wackligen Brücke, über die es (gleich mehrmals) zu balancieren gilt. Eltern, die sich

mier sifflet provenant de l'autre versant. Il s'empare des jumelles: peut-être sera-t-il le premier à apercevoir une marmotte? Une autre famille gesticule dans tous les sens en désignant un buisson de roses alpines. Mais rien en vue...

■ L'aventure continue vers le prochain poste – un pont-balançoire relativement branlant qui enjambe un ruisseau. Les parents qui n'osent pas franchir cet obstacle peuvent emprunter le chemin parallèle. Un tronçon tranquille mène à la prochaine animation. Il est question ici de mesurer son poids sur la «balance

Lenk / Simmental

nicht trauen, dürfen auch den Weg daneben benützen! Eine kleine gemütliche Wegstrecke stellt die Verbindung zum nächsten Highlight dar. An der Murmeli-Waage gilt es, das eigene Körpergewicht zu messen. Zur Verfügung stehen mehrere Holzklötze und eine schiefe Ebene. Julian braucht nicht lange, denn er ist noch leicht, sein Bruder Mikel hat schon mehr zu tun, benötigt er doch fast alle Klötze, um sein Gegengewicht aufzubauen. Die Eltern kümmerts wenig, denn sie haben ein sonniges Plätzchen im Bergrestaurant Betelberg gefunden. Komisch, so viel Spass hatten Julian und Mikel noch nie auf einer Wanderung!

Ohne Maulen gehts dann auch weiter, und zwar zur Seilbahn. Mikel

à marmottes». Pour ce faire, plusieurs billots de bois et un plan incliné sont à disposition. Julien a vite fait, car il est encore léger. Son frère Michel, a un peu plus à faire. Il a

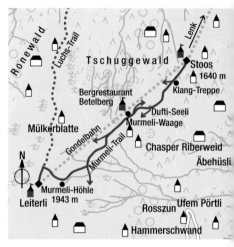

Viel zu spielen und zu hantieren gibts an der Murmeltier-Waage.

La balance à marmottes donne bien du fil à retordre aux enfants.

Lenk / Simmental

will seinem kleinen Bruder zeigen wie es geht und hat so viel Schwung drauf, dass er fast übers Dufti-Seeli fliegt. Genau, schlägt Papa Mauerhofer vor, wir könnten am Ufer picknicken und an der Feuerstelle die mitgebrachten Würste braten. Da ist sofort jeder dabei, und schon bald züngeln die ersten Flammen unter dem Rost. Endlich satt, warten noch einige weitere Attraktionen auf die Jungmannschaft.

Melodie in Holz

■ Nach einigen Schritten und Höhenmetern (selbstverständlich bergab) entdeckt Julian als Erster die Klang-Treppe am Waldrand. Wer ist als Erster beim Posten? Sofort erobern die beiden Jungs das Gebilde und beginnen, mit den Stöcken wie wild verschiedene Töne dem merkwürdigen Instrument zu entlocken. Tatsächlich, war dies nicht eine Me-

Mit der Gondelbahn fahren wir zum Ausgangspunkt des Trails.

besoin de presque tous les billots pour créer un contre-poids. Les parents, eux, se sont confortablement installés sur la terrasse du restaurant de Betelberg et dégustent un bon café.

■ Sans jérémiades, l'aventure se poursuit. Michel veut montrer à son petit frère comment le «téléphérique» fonctionne et il prend tellement d'élan, qu'il s'envole presque au-dessus du petit lac. Après un bon fourire, Monsieur Mauerhofer propose de griller leurs saucisses sur la belle place de pique-nique au bord de l'eau. Après ce repas d'aventuriers, la famille Mauerhofer se met en route vers de nouvelles attractions.

■ Julien découvre le premier le jeu musical en bordure de forêt. Les enfants s'emparent de bâtons et frappent le drôle d'instrument, créant ainsi des tonalités. Quelle mélodie! Leurs derniers pas les conduisent à la station intermédiaire de Stoss

La télécabine nous mène au point de départ de notre aventure.

Foto: Ronald Gohl

Lenk / Simmental

Selbst grössere Kids haben im Murmeli-Bau noch viel Plausch. Même les enfants un peu plus âgés adorent le terrier à marmottes.

lodie? Auch Mikel entdeckt sein musikalisches Talent, und Julian deutet ganz aufgeregt auf die Wiese. War da nicht eben ein scharfer Warnpfiff eines Murmeltiers? Leider ist nichts zu sehen, auch nicht mit dem Fernglas. Ob das Murmeli keinen Gefallen an ihrer Musik fand?

■ Nach den letzten Wanderschritten – alle sind ein wenig traurig, weil es schon vorbei ist – wird die Mittelstation Stoss (1640 m ü. M.) erreicht. Aber halt: Vor der Talfahrt mit der Gondelbahn dürfen sich Julian und Mikel nochmals so richtig austoben. Auf dem Kletter-Murmeli aus Lothar-Holz ist bereits eine Menge los, denn inzwischen haben auch andere Kinder den Weg auf den Berg gefunden.

(1640 m d'alt.). Ils sont tous un peu nostalgiques que l'aventure soit déjà terminée. Pourtant, avant la descente en télécabine, Julien et Michel ont encore une dernière fois l'occasion de se défouler en compagnie d'autres enfants sur une marmotte géante, façonnée avec le bois de Lothar.

Der Luchs-Trail

Am 25. und 26. März 1997 wurden im Rahmen des Luchsforschungsprogramms in den Westalpen gleich zwei Luchse direkt unter der Betelberg-Gondelbahn gefangen und mit Sendern ausgestattet. Neben dem Murmeli-Trail gibts jetzt einen Luchs-Trail für scharfe Beobachter. Einen echten Luchs zu sehen ist eher unwahrscheinlich, zumal diese scheuen Tiere nachtaktiv sind. Dafür sind mehrere originalgetreue Luchsattrappen, perfekt getarnt, im Gelände versteckt. Auf dem vier Kilometer langen Weg (Wanderzeit ca. zwei Stunden) erfahren wir zudem viel Spannendes über die geheimnisvolle Wildkatze.

Le raid du lynx

Les 25 et 26 mars 1997, dans le cadre du programme de recherche sur le lynx qui est en cours dans les Alpes de l'ouest, deux lynx ont été capturés directement sous la télécabine de Betelberg et équipés d'émetteurs. En plus du chemin des marmottes, il existe donc également un parcours concernant le lynx, destiné aux bons observateurs. Il est peu probable d'avoir la chance d'apercevoir un de ces animaux, qui sont timides et actifs la nuit. Par contre, un parcours long de quatre kilomètres (randonnée env. deux heures) nous apprend beaucoup au sujet de ce chat sauvage fascinant.

First / Jungfrau Region

Auf zwei Beinen und zwei Rädern
Sur deux jambes et avec deux roues

Trottiplausch zwischen der Mittelstation Bort und Grindelwald.

Les joies de la trottinette entre
la station de Bort et Grindelwald.

■ Der erste Grindelwald-Besucher
war ein kühler Bursche. Er kaufte
weder Ansichtskarten noch interessierte er sich für die schöne Berglandschaft. Trotzdem hinterliess er
bis heute seine Spuren – der Grindelwaldgletscher begnügte sich vor
zigtausend Jahren nicht mit seinem
heutigen «Schattendasein» zwischen
Eiger, Schreck- und Wetterhorn. Er
überrollte das ganze Tal und stiess
bis Interlaken vor, wo er sich mit
dem Aaregletscher vereinte. Zum
letzten Mal wurde das Dorf im 18.
Jahrhundert von dem gewaltigen

■ Le village de Grindelwald, station
touristique par excellence, fut longtemps recouvert d'un glacier gigan-
tesque qui atteignait Interlaken, où il
rejoignait le glacier de l'Aar. De nos
jours, il n'en reste qu'une maigre
trace entre l'Eiger, le Schreckhorn et
le Wetterhorn.

Une excursion «extra-cool»

■ La famille Mauerhofer a planifié
une excursion «extra-cool» pour leur
fils de 13 ans, Michel. Son petit frère
Julien est également de la partie.

First/Région de la Jungfrau

Eispanzer bedroht. Um den Eismassen Einhalt zu gebieten, holen die protestantischen Bergbauern sogar einen Kapuzinerpater aus Obwalden ins Tal, welcher durch Bittgebete und Beschwörungen das drohende Unheil abwenden sollte.

Eine frische Brise Bergluft

Auch Mikel Mauerhofer, 13, möchte ein cooler Bursche sein. Auch wenn es nicht mehr in ist, in seinem Alter mit den Eltern sonntags wegzufahren, so kommt er trotzdem gerne mit. Steht doch heute eine coole Trottiabfahrt auf dem Programm. Mit von der Partie sind natürlich Julian, sein kleiner Bruder, sowie Vati und Mutti. Ort des Geschehens: das Bergbahn-Ausflugsziel First oberhalb von Grindelwald. «Gofirst», verkündet schon die Website – ganz nach dem Geschmack Mikels, denn dort oben ist einiges los. Der kleine Spaziergang von der Bergstation zur Mittelstation hinunter macht ihm eigentlich nichts aus, denn er kann sich auch über die schöne und intakte Natur freuen – und schliesslich ist da noch die Vorfreude auf das Abenteuer mit den Trottis.

Sanft schaukeln die Gondeln über den Bergwald und die Alpwiesen in 25 Minuten in die Höhe. Julian hat bei der Mittelstation Bort die bereitstehenden Trottis entdeckt – doch zunächst fahren sie bis ganz hinauf, um eine Brise frische Bergluft zu schnuppern. Hier bimmeln noch die Kuhglocken, und die Warnpfiffe der

INFO

■ **Transports publics**
Depuis Interlaken-Ost, nous prenons le BOB jusqu'à Grindelwald. Nous atteignons la station de la télécabine de First en 10 minutes de marche (indicateur CFF pos. 312 et 2440).
■ **Trajet en voiture**
Autoroute Berne-Interlaken, sortie Wilderswil, puis vallée de Grindelwald (à Zweilütschinen, prendre à gauche). Plusieurs parkings à Grindelwald.
■ **Âge idéal**
Enfants sportifs dès neuf ans.
■ **Durée**
Une heure et demie de randonnée, en comptant la trottinette et le repas de midi, il faut compter au moins trois heures.
■ **Dénivelé**
459 m en descente (jusqu'à Bort à pied) et 504 m en descente (en trottinette).
■ **Boire et manger**
Rest. Bort ou pique-nique.
■ **Renseignements et prospectus**
Télécabine de First, 3818 Grindelwald Tél. 033 854 50 50 www.gofirst.ch

Junge Kälbchen am Wanderweg.
Jeune veau en chemin.

First / Jungfrau Region

INFO

■ **Hin und zurück mit öV**
Von Interlaken Ost fahren wir mit der BOB-Schmalspurbahn bis Grindelwald, von dort aus gehts ins zehn Gehminuten zur Talstation der Firstbahn (Kursbuchfelder 312 und 2440).

■ **Anreise mit dem Auto**
Autobahnausfahrt Wilderswil, weiter ins Grindelwaldtal (dazu in Zweilütschinen nach links). Parkhaus in Grindelwald benützen und zu Fuss zur Firstbahn.

■ **Idealalter**
Sportliche Kids ab 9 Jahren.

■ **Zeitaufwand**
Eineinhalb Stunden Wanderzeit, mit Trotti und Mittagessen sollte man mind. drei Stunden einrechnen.

■ **Höhenmeter**
459 m bergab (bis Bort zu Fuss) und 504 m bergab (bis Grindelwald mit Trotti).

■ **Verpflegung**
Rest. Bort oder aus dem Rucksack.

■ **Auskünfte und Prospekte**
*Firstbahn, 3818 Grindelwald
Tel. 033 854 50 50
www.gofirst.ch*

Murmeltiere erklingen von den Felswänden über und unter der First – ein richtiges Stück heile Welt! Julian

Die Alphütten von Egritz.
Les cabanes alpines d'Egritz.

L'endroit: les remontées mécaniques de First au-dessus de Grindelwald. «Go first!» prône le site Internet – ce qui est tout au goût de Michel, jeune adolescent aimant l'action et les activités hors du commun.

■ Le trajet en télécabine dure 25 minutes. Julien a déjà découvert les trottinettes près de la station intermédiaire de «Bort» – mais ses parents parviennent à le retenir pour poursuivre leur ascension jusqu'au sommet, afin de respirer la fraîche brise des montagnes. Là-haut, les cloches des vaches carillonnent et le sifflement strident des marmottes se fait entendre depuis les parois rocheuses au-dessus et au-dessous de First – un vrai coin de paradis! L'air de la montagne est parfumé de mille odeurs. La famille Mauerhofer se balade en descente, en passant par Grindel et Egritz et savoure la vue sur les sommets avoisinants, ainsi que sur les deux glaciers de Grindelwald et sur le joli petit village lové dans la vallée.

■ Pique-nique en bordure de forêt ou bon repas de midi sur la terrasse du restaurant de Bort? La question est vite réglée – Michel et Julien ne peuvent attendre plus longtemps avant de prendre possession de leurs trottinettes. Les Mauerhofer décident donc de faire deux descentes – après la première, ils iront tous profiter du soleil et d'un peu de détente sur la terrasse du restaurant.

■ Julien fonce déjà et sa maman l'invite à la prudence. «oui, oui...» dit Michel en riant et en démarrant à son tour. A Chrisegg, les bambins

First / Région de la Jungfrau

freut sich über die vielen Kälblein, die sich neckisch am Weidezaun streicheln lassen. Der kleine Spaziergang vergeht im Nu – und bergab zu gehen strengt selbst bei der grössten Sommerhitze niemand an. Über die Alphütten in Grindel und Egritz schlendert die Familie Mauerhofer genussvoll ins Tal und geniesst dabei

attendent leurs parents, car ils ne savent pas s'il faut partir à gauche ou à droite. Les trottinettes n'ont pas à emprunter le chemin pédestre, raison pour laquelle les Mauerhofer, ainsi que tous les autres adeptes de cet engin, prennent à gauche pour rejoindre Grindelwald. Juste après Chrisegg, la prudence est de mise car

Schöne Rastplätze direkt am Weg.
Belles aires de repos en chemin.

die Aussicht auf die Viertausender, die beiden Grindelwaldgletscher und das hübsche Dörfchen im Tal unten. Ferienstimmung kommt auf.

Picknick oder «Beiz»?

Picknick am Waldrand oder ein feines Mittagessen auf der Sonnenterrasse des Berghauses Bort? Die Frage ist schnell geklärt – Mikel und

First / Jungfrau Region

Julian wollen jetzt nicht mehr warten, sondern so schnell wie möglich aufs Trotti steigen. Also haben die Mauerhofers vereinbart, dass zweimal gefahren wird – nach der ersten Runde würde man sich aber auf die Sonnenterrasse setzen und gemütlich beisammen sein. Damit sind alle einverstanden.

Auf und davon

■ Richard Mauerhofer bucht gleich beide Fahrten an der Kasse der Mittelstation und bezahlt mit der Kreditkarte – damit ist auch die Frage des Depots geklärt, und er muss keine «Nötli» hinterlegen. Julian braust schon davon, und seine Mutti mahnt ihn zur Vorsicht. «Ja, ja ...», lacht Mikel und macht sich ebenfalls auf und davon. Bei der Chrisegg warten die beiden Jungs brav, denn sie wissen nicht, obs nun rechts oder links weitergeht. Auf dem Wanderweg hat das Trotti nichts zu suchen, deshalb fahren die Mauerhofers wie alle anderen links nach Grindelwald hinunter. Gleich hinter der Chrisegg heisst es etwas aufzupassen, denn der Weg ist steil, und Annette Mauerhofer ermahnt selbst ihren Mann, rechtzeitig zu bremsen. Helmtragen ist natürlich Pflicht und Absitzen auf dem Gepäckträger soll verboten sein. Dadurch beginnt nämlich das Trotti zu schlingern – und die Fahrt endet im Graben. Die Mauerhofers wollen es gar nicht erst drauf ankommen lassen. Die tolle Abfahrt mit dem Wind, der um die Ohren pfeift, macht auch so viel Spass. Das Ziel –

First/Région de la Jungfrau

Trottibilderbogen von der First: viel Fun und Action für Kids.

Les joies de la trottinette: acrobaties et frissons garantis.

die Talstation – ist nicht zu verfehlen, und auch die zweite Runde – nach dem Mittagessen auf Bort – wird zum vollen Erfolg.

«Das müssen wir bald wiederholen», schlägt Papa Mauerhofer vor – alle sind zufrieden, und der Sonntag ist «gebombt», wie Mikel sich ausdrückt!

le chemin est raide. Le port du casque est obligatoire et il devrait être interdit de s'asseoir sur le porte-bagages, car la trottinette se met alors à vaciller et la course se finit dans les fourrés. Le but – la station de plaine – ne peut passer inaperçu. Comme promis, tous grimpent une nouvelle fois dans la télécabine.

Schilthorn/Jungfrau Region

Kinderabenteuer
im Schatten von James Bond

Aventure enfantine
dans l'ombre de James Bond

■ Die ersten Passagiere der 1969 fertig gestellten Schilthornbahn im Berner Oberland waren Baron Blofeld und seine zehn schönen Mädchen. Ihn wie alle anderen Bösewichte brachte Commander 007, besser bekannt als James Bond, zur Strecke. Wer den Film kennt: Das Gipfelhaus Piz Gloria flog nur im Film in die Luft – es sieht jetzt ein bisschen anders aus, weil es vor rund zehn Jahren renoviert und vergrössert wurde.

Im Geheimdienst Ihrer Majestät

■ Zur Erinnerung an James Bond, den ersten Besucher auf dem Schilt-

Ein Abstecher mit der Schilthornbahn zu James Bond & Co.

■ Les premiers passagers du téléphérique du Schilthorn, achevé en 1969, étaient le Baron de Blofeld et ses dix belles demoiselles. Le Commander 007, mieux connu sous le nom de James Bond, l'a ensuite éliminé, tout comme les autres malveillants qui lui tournaient autour.

Au service secret de Sa Majesté

■ Pour ceux qui connaissent le film, le bâtiment du Piz Gloria n'a volé en éclats qu'à l'écran – il possède aujourd'hui une allure quelque peu différente de celle d'autrefois, à la suite

Virée dans l'univers de 007, grâce au téléphérique du Schilthorn.

Schilthorn / Région de la Jungfrau

horn, prangt an der Wand über der Rolltreppe auf knapp 3000 Metern Seehöhe noch das «Familienwappen» des eitlen Bösewichts, welcher ganz England zu vernichten drohte und zu diesem Zweck ein Laboratorium zur mikrobischen Kriegsführung im Gipfelhaus unterhielt. Wie im Film dreht sich noch heute das Piz Gloria um seine eigene Achse und vermittelt den Besuchern einen einzigartigen Ausblick auf die gewaltigen Bergmajestäten der Berner Alpen. Nicht weniger als 13 aufstrebende Nordwände und 43 steil herunter-

Gute Balance ist hier gefragt.
Sens de l'équilibre indispensable.

INFO

Hin und zurück mit öV
Von Interlaken Ost fahren wir mit der BOB-Schmalspurbahn bis Lauterbrunnen, anschliessend mit dem Bus zur Talstation der Schilthornbahn, dort steigen wir in die Luftseilbahn um (Kursbuchfelder 311, 311.15 und 2460).
Anreise mit dem Auto
Autobahnausfahrt Wilderswil, weiter ins Lauterbrunnental bis zur Talstation der Schilthornbahn (grosser Parkplatz).
Idealalter
Kinder ab ca. 6 Jahren (nur mit guten Schuhen).
Zeitaufwand
Etwa 50 Minuten Wanderzeit, inklusive Schilthorn, Spielen und Mittagessen sollte man mindestens fünf Stunden einrechnen.
Höhenmeter
269 m bergab.
Verpflegung
Aus dem Rucksack oder Bergrestaurant Sonnenberg.
Auskünfte und Prospekte
Schilthornbahn AG, 3800 Interlaken Tel. 033 826 00 07 www.schilthorn.ch

des rénovations et agrandissements effectués il y a environ 10 ans, mais c'est bien le même. En mémoire au film «Au service secret de Sa Majesté», les armoiries familiales du vaniteux truand – qui menaçait de détruire toute l'Angleterre et qui possédait pour ce faire, un laboratoire de microbiologie dans le bâtiment du Piz Gloria – sont restées affichées au mur. Comme dans le film, le Piz Gloria tourne, aujourd'hui encore, sur son propre axe, offrant ainsi aux visiteurs une vue unique sur la splendeur des montagnes. Pas moins de deux cents sommets défilent sous les yeux ébahis des convives. Ce panorama s'étend de l'Eiger, Mönch et Jungfrau, le long des Alpes bernoises et valaisannes jusqu'au Mont Blanc et par le Plateau jusqu'au Jura et à la Forêt noire en Allemagne.

Schilthorn / Jungfrau Region

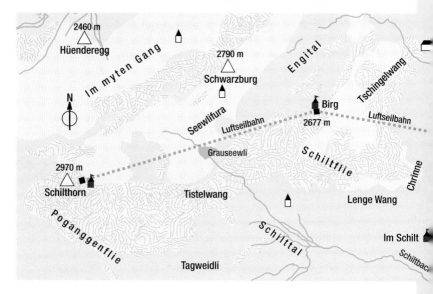

strebende Gletscher umfassen sie. Entgegen anders lautenden Gerüchten wurde die Schilthornbahn nicht für den James-Bond-Film gebaut, sondern umgekehrt kurz vor ihrer Fertigstellung wegen der überwältigenden Umgebung und der kühnen Anlage dafür ausgewählt. Aus dem tiefen Lauterbrunnental klettert die Luftseilbahn 2103 Meter in die Höhe und überwindet dabei atemberaubende Felswände – eine Bahn der Superlative!

James Bond für Kids

▨ Nach dem Besuch bei James Bond & Co. bietet sich ein Bummel durchs autofreie Feriendorf Mürren an. Der Ort mit seinen vielen romantischen Holzchalets klammert sich an den Rand einer fast tausend Meter tiefen Felswand. Jetzt sind unsere Kids an der Reihe – entlang dem Mürrenbach

Contrairement aux bruits de couloirs, le téléphérique du Schilthorn n'a pas été construit pour le film de James Bond. En effet, c'est juste avant qu'il n'ait été terminé, qu'il fut choisi par les producteurs pour l'environnement fabuleux dans lequel il se trouve et parce qu'il est une construction audacieuse et impressionnante. Le téléphérique s'élève depuis les profondeurs de la vallée de Lauterbrunnen pour grimper à 2103 mètres d'altitude, passant au-dessus de parois rocheuses à couper le souffle.

James Bond for Kids

■ Après la visite du Schilthorn, une balade à travers le village de vacances de Mürren s'impose. Ce lieu insolite, avec ses nombreux chalets romantiques en bois, est littéralement agrippé au haut d'une falaise de presque mille mètres. Place aux jeu-

Schilthorn / Région de la Jungfrau

INFO

■ **Transports publics**
Depuis Berne, rejoindre Interlaken-Ost (est) en train. De là, la ligne du BOB conduit jusqu'à Lauterbrunnen. Finalement, un bus mène au téléphérique du Schilthorn (indicateur CFF pos. 311, 311.15 et 2460).

■ **Trajet en voiture**
Sortie d'autoroute Wilderswil, traverser la vallée de Lauterbrunnen jusqu'au téléphérique du Schilthorn (places de parc).

■ **Âge idéal**
Enfants dès 6 ans (avec de bonnes chaussures).

■ **Durée**
Environ 50 minutes de randonnée, y compris la visite du Schilthorn, les jeux et le repas de midi, compter cinq heures.

■ **Dénivelé**
269 m en descente.

■ **Boire et manger**
Pique-nique ou restaurant Sonnenberg.

■ **Renseignements et prospectus**
*Schilthornbahn AG, 3800 Interlaken Tél. 033 826 00 07
www.schilthorn.ch*

erwartet sie der «Children's Adventure Trail». Auf dem schmalen Bergweg können sich Jungen und Mädchen auch einmal halbwegs als kleine James Bonds fühlen und dabei eine Reihe von Abenteuern bestehen.

Weil die meisten Kids nicht gerne bergauf gehen, wählen wir die Gegenrichtung und fahren zu diesem Zweck mit der Standseilbahn von Mürren bis Allmendhubel. Dort oben gibts für die Eltern eine herrliche Aussicht zu geniessen und für die Kinder einen Spielplatz zum Austoben. Unser Ziel ist aber der Abenteuerpfad – deshalb trennen sich die Sprösslinge für einmal gerne vom geliebten Spielplatz. Von der Bergstation spazieren wir über den Kamm bis zu den Wegweisern. Wir folgen der pinkfarbenen Tafel in Richtung Sonnenberg, wo es ein Bergrestaurant zur Stärkung von kleinen und grossen Bonds gibt. Weiter gehts in

Wo das unheimliche Loch hinführt?
Où aboutit ce trou mystérieux?

Schilthorn / Jungfrau Region

Viel Action: Seilbahn für Kids.
Tant d'aventures pour les jeunes.

Richtung Mürren auf Hartbelag. Unterhalb der Hütten vom Sonnenberg heisst es aufgepasst: Hier dürfen wir den pinkfarbenen Wegweiser nicht übersehen, der rechts zum Wäldchen hinüberzeigt. Nach der Brücke über den Mürrenbach zweigen wir nochmals links ab – nun befinden wir uns auf dem «Children's Adventure Trail». Schon nach wenigen Schritten sind wir mitten im Geschehen: Balancieren über mehrere Baumstämme, am Seil von einem Baum zum anderen schwingen, über Holzpflöcke gehen und vieles mehr. Der Abstieg zur Seilbahnstation Mürren ist nicht weit, und kurz vor dem Ziel erwartet die Kleinen «zum Abgewöhnen» ein weiterer Spielplatz. Es bleibt die Talfahrt mit der Seilbahn nach Stechelberg, wo unser Auto auf dem Parkplatz steht.

nes et au «Children's-Adventure Trail», qui les attend le long de la rivière! Sur un étroit sentier de montagne, les jeunes filles et les garçons ont l'occasion de se mettre dans la peau de James Bond en vivant toute une série d'aventures.

■ Comme les enfants n'aiment pas particulièrement marcher en montée, nous prenons le téléphérique de Mürren à Allmendhubel, afin de pouvoir accomplir le parcours en sens inverse. Là-haut, une place de jeux fantastique attend les bambins, tandis qu'un merveilleux panorama fascinera les parents. Nous longeons la crête jusqu'à ce que nous atteignions les indicateurs pédestres et suivons les écriteaux de couleur rose, direction Sonnenberg. Un restaurant permet aux petits et grands James Bond de reprendre des forces avant de poursuivre en direction de Mürren. Attention, après les cabanes, en dessous de Sonnenberg, il faut veiller à ne pas manquer la flèche rose qui nous dirige vers une petite forêt sur notre droite. Après le pont passant le ruisseau de Mürren, nous partons à gauche et atteignons enfin le «Children's-Adventure Trail». Nous sommes rapidement plongés dans l'histoire de l'agent secret 007: se balancer sur plusieurs troncs d'arbre, voler d'un arbre à l'autre grâce à un câble, etc. La descente menant à la station de Mürren n'est plus très longue. Juste avant l'arrivée, une nouvelle place de jeux enchante nos bambins. Fatigués de ces aventures, nous reprenons le téléphérique pour Stechelberg, où notre voiture nous attend.

Foto: Ronald Gohl

Schilthorn / Région de la Jungfrau

Aufgepasst: Wegweiser unterhalb von Sonnenberg nicht verpassen!

Attention: ne pas manquer l'indicateur en dessous de Sonnenberg!

Märli-Bahn HOPP/Brienzer Rothorn

Achtung, Gespenster
Attention fantômes

Einsteigen bitte: Der fröhlich bemalte Märlizug wartet in Brienz.

En voiture s'il vous plaît: le sympathique train des contes attend.

■ Einmal mit einer echten Dampfzahnradbahn fahren – wo gibts denn so was? Dazu brauchen wir gar keine Reise in die Vergangenheit zu unternehmen. Am Brienzer Rothorn im Berner Oberland dampfen und zischen fast alle Züge – und im Schornstein der alten und neuen Loks versteckt sich sogar ein kleines Gespenst.

Spuk im Lok-Kamin

■ Gewöhnliche Gespenster treiben ihr Unwesen in der Nacht. Das ist

■ Qui n'a pas déjà rêvé d'un voyage romantique en train à vapeur? Cette excursion va nous permettre de faire un bon dans le temps impressionnant, puisque nous aurons l'occasion de voyager avec le plus ancien chemin de fer à vapeur à crémaillère de Suisse. En effet, les trains de la compagnie BRB, se hissent – crachant et soufflant – jusqu'au Rothorn de Brienz, depuis 1892.
■ Les enfants en auront également pour leur compte, puisqu'un petit fantôme sympathique a élu domicile ici. En général, les fantômes ordinai-

Le train des contes/Rothorn de Brienz

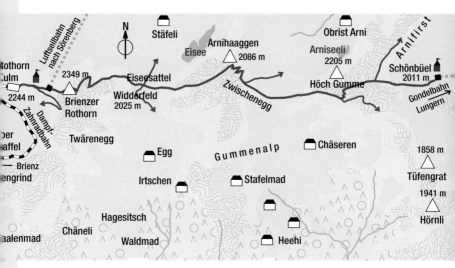

aber HOPP, dem Dampfbahngespenst, viel zu langweilig – Menschen zu erschrecken sowieso. Tagsüber ist auch viel mehr los. Deshalb verliess es eines schönen Tages das Familien-

res sévissent durant la nuit. Mais pour Hopp, le fantôme du train à vapeur, cela serait bien trop ennuyeux! D'ailleurs, effrayer les gens en gesticulant le serait aussi! Il se passe

Unterwegs sorgt die Märlitante für Kurzweil und lustige Unterhaltung.

La conteuse crée une atmosphère détendue et amusante dans le train.

Märli-Bahn HOPP/Brienzer Rothorn

schloss bei den Giessbachfällen und richtete sich ein neues Zuhause auf der anderen Seite des Brienzersees im gemütlichen Kamin einer Dampflokomotive ein. Jeden Morgen schwebt das Gespenst HOPP gleich mit der ersten Dampfwolke hinaus aus dem Kamin, neuen Abenteuern entgegen. Wer hat es bei der Abfahrt der Dampflok gesehen? Die spannen-

INFO

■ **Transports publics**
Depuis Interlaken Ost, nous atteignons Brienz grâce au chemin de fer du Brünig. La gare du train à vapeur à crémaillère se trouve juste en face (indicateur CFF pos. 470 et 475).
■ **Trajet en voiture**
Depuis Berne, autoroute direction Interlaken, puis Brienz. Parking souterrain derrière la station inférieure du train à vapeur à crémaillère.
■ **Âge idéal**
Dès env. sept ans; endurance nécessaire pour la randonnée.
■ **Durée**
Presque trois heures de marche, en comptant le trajet en train, il faut planifier au min. quatre heures.
■ **Dénivelé**
656 m en descente, 423 m en montée.
■ **Boire et manger**
Restaurants de montagne «Rothorn Kulm» et «Schönbüel» – pique-nique en chemin.
■ **Renseignements et prospectus**
Chemin de Fer Brienz–Rothorn, 3855 Brienz
Tél. 033 952 22 22
www.brienz-rothorn-bahn.ch

Gruppenbild mit Märli-Bahn HOPP.
Le train des contes HOPP.

Zwischenstopp auf der Alp.
Arrêt intermédiaire sur l'alpe.

tant de choses fascinantes durant la journée! C'est pourquoi ce fantôme a un beau jour quitté le château familial situé près des chutes de Giessbach pour s'installer de l'autre côté du lac de Brienz, dans la confortable cheminée d'une locomotive à vapeur. Chaque matin, il sort de sa cachette avec la première bouffée de vapeur pour partir à l'aventure. Toutes les surprises que Hopp découvre avec ses amis sont racontées dans un livre pour enfant «Hopp, le fantôme du train à vapeur», de Susanna Schmid-Germann (disponible en allemand uniquement).

Le train des contes / Rothorn de Brienz

den Erlebnisse von Hopp mit seinen vielen Freunden sind im Kinderbuch «Hopp – das Dampfbahngespenst» nachzulesen. Die Erfolgsautorin Susanna Schmid-Germann hat das Buch liebevoll ausgestaltet.

Die Zeit vergeht im Nu

■ Während der einstündigen Fahrt aufs Brienzer Rothorn zeigen sich mehrere Knöpfe zum Kinderbuch, welche die Geschichte von Hopp und Hulder aufleben lassen. Kinder, aufgepasst: Diese elf farbigen Knöpfe dürft ihr auf keinen Fall verpassen. So vergeht die einstündige Bergfahrt im Nu! Die Märli-Bahn HOPP fährt jeden Sonntag von Mitte Juni bis Mitte Juli und ab Anfang Oktober bis Saisonschluss. Dazwischen erzählt die Märlitante jeweils am Mittwoch und Samstag die spannende Gespenstergeschichte. Die Märli-Bahn verlässt den Bahnhof Brienz um 14.00 Uhr. Anfang Juli findet auf dem Brienzer Rothorn (2350 Meter hoch) zudem der HOPP-Familientag mit dem Dampfbahngespenst statt. Es ist also einiges los auf dem Brienzer Rothorn! Aber Achtung: Alle Daten sollten vor dem Ausflug nachgeprüft werden, denn sie können jedes Jahr ein wenig ändern.

Nach dem Spuk das Wandern

■ Hoch oben über dem Brienzersee angekommen, ist nicht nur der Himmel ein gutes Stück näher – die Aussicht auf die umliegenden, teils verschneiten Berge ist grandios.

Die Dampflok muss glänzen ...
La loco à vapeur doit reluire ...

Le temps passe si vite

■ Pendant le voyage d'environ une heure jusqu'au sommet du Rothorn de Brienz, nous découvrons onze boutons de couleurs différentes qui se réfèrent à onze postes dispersés le long de la voie de chemin de fer et qui retracent l'histoire de Hopp et de ses amis. Alors, attention les enfants, ouvrez les yeux et ne les ratez pas! Un «train des contes de HOPP», circule également de manière sporadique en saison. Ce convoi spécial, décoré des personnages du livre, accueille une conteuse (en langue allemande) qui raconte les aventures mystérieuses de Hopp, le sympathique fantôme du train à vapeur et de ses amis. Une journée familiale «HOPP» a même lieu au début du mois de juillet au Rothorn de Brienz.

Märli-Bahn HOPP/Brienzer Rothorn

Obwohl es in der Schweiz rund drei Dutzend Rothörner gibt (elf davon im Berner Oberland), nimmt das Brienzer Rothorn in der Bekanntheitsskala den ersten Platz ein. Hoch auf dem Gipfel des Brienzer Rothorns, er wird in einer guten Viertelstunde von der Bergstation der Zahnradbahn aus erreicht, treffen die Grenzen der Kantone Bern, Obwalden und Luzern zusammen.

■ Der Berg mit seinem fantastischen Rundumblick ist Ausgangspunkt einer ebenso berühmten Wanderung, die man einfach gemacht haben muss. Am Ostgrat des Rothorns führt

INFO

■ **Hin und zurück mit öV**
Von Luzern oder Interlaken Ost mit der SBB-Brünigbahn bis Brienz, der Bahnhof der Dampfzahnradbahn befindet sich gleich gegenüber (Kursbuchfelder 470 und 475).
■ **Anreise mit dem Auto**
Via Luzern und Brünigpass direkt nach Brienz (Parkhaus hinter der Talstation der Zahnradbahn) – oder von Bern über Interlaken nach Brienz.
■ **Idealalter**
Ab ca. 7 Jahren; Ausdauer bei der Wanderung erforderlich.
■ **Zeitaufwand**
Fast drei Stunden Wanderzeit, inklusive Märchenzug sollte man mindestens vier Stunden einplanen.
■ **Höhenmeter**
656 m bergab, 423 m bergauf.
■ **Verpflegung**
Bergrestaurants Rothorn Kulm und Schönbüel – sowie Rucksackverpflegung für unterwegs.
■ **Auskünfte und Prospekte**
Brienz–Rothorn-Bahn, 3855 Brienz Tel. 033 952 22 22 www.brienz-rothorn-bahn.ch

Après les fantômes, la randonnée

■ Une fois que nous sommes arrivés au sommet, nous dominons le joli lac de Brienz. La vue sur les montagnes

Gipfelglück auf dem Rothorn.
Sensation forte sur le Rothorn.

avoisinantes, coiffées de leurs neiges éternelles, est époustouflante. Bien que la Suisse compte quelque trois douzaines de montagnes nommées Rothorn – dont onze dans l'Oberland bernois – celle qui se dessine audessus du lac de Brienz est la plus célèbre.

■ Cette montagne, avec sa vue panoramique fantastique, est également le point de départ d'un chemin de randonnée tout aussi réputé. Impossible de ne pas le pratiquer une fois dans sa vie. Le chemin conduit le long de la crête est du Rothorn, au

Foto: Herbert Steiner Interlaken

Le train des contes / Rothorn de Brienz

der Weg vorbei an einer blühenden Alpenflora in den Eiseesattel hinunter. Vom Widderfeld spiegelt den Wanderern der glasklare Bergsee «Eisee» entgegen. Doch der Weg weist nicht etwa dorthin hinunter, sondern hinüber nach Osten auf den Arnihaagen (182 Meter Aufstieg). Zahlreiche Serpentinen führen den Südhang hinab bis auf den Grat von Zwischenegg. Weiter gehts auf dem breit ausgebauten Panoramaweg über Höch Gumme (nochmals 53 Meter bergauf) zur Bergstation Schönbüel. Von dort aus fahren wir mit der Gondel- und Seilbahn hinunter nach Lungern und mit der SBB-Brünigbahn zurück nach Brienz, Interlaken oder Luzern.

milieu d'une somptueuse flore alpine aux couleurs châtoyantes, pour mener à Eiseesattel. A Widderfeld, nous apercevons le lac «Eisee» qui scintille sous nos yeux. Pourtant, le chemin ne conduit pas dans cette direction, mais il file à l'est, direction Arnihaagen (182 mètres de montée). Le sentier effectue ensuite de nombreux lacets pour descendre le long du flanc sud jusqu'à la crête de Zwischenegg. Nous poursuivons sur le chemin panoramique bien aménagé qui mène à Höch Gumme (encore 53 mètres de montée) pour finalement atteindre la station de Schönbüel. De là, nous prenons le téléphérique qui descend à Lungern d'où nous rejoignons Brienz avec le train.

Panoramawanderung vom Brienzer Rothorn nach Schönbüel.

Chemin panoramique entre le Rothorn de Brienz et Schönbüel.

Muggestutz / Hasliberg

Zaubersteine in der dunklen Zwergenhöhle

Fantaisie et soif d'aventures dans un univers fantastique

◼ Neben Globi ist der Muggestutz-Zwerg wohl die beliebteste Kinderfigur in unserem Land. Seine Heimat ist der Hasliberg, wo nicht nur die Zwerge, sondern auch die Erfinderin und Autorin Susanna Schmid-Germann zu Hause ist.

Fantasie und Erlebnishunger

◼ Um es gleich vorwegzunehmen: Einen verkleideten Zwerg, welcher

◼ Le nain Muggestutz est, aux côtés de Globi, un des personnages les plus prisés des enfants de notre pays. Il vit à Hasliberg où sa créatrice et auteure Susanna Schmid-Germann est également domiciliée. Les enfants de Suisse-alémanique le connaissent depuis plus longtemps que les petits romands, puisque seul le dernier ouvrage paru (Muggestutz et la maison dans la forêt Bannwald, 2003), a été traduit en langue française.

Beliebt bei den Kids: selber Hand anlegen und Geschick beweisen.

Le hit des enfants: tester par soi-même et se prouver son adresse.

Muggestutz / Hasliberg

INFO

■ **Hin und zurück mit öV**
*Von Luzern oder Interlaken Ost mit
der SBB-Brünigbahn bis Meiringen,
kurzer Fussmarsch zur Talstation der
Seilbahn, anschliessend über Reuti
und Bidmi auf die Mägisalp
(Kursbuchfelder 470 und 2480).*
■ **Anreise mit dem Auto**
*Via Luzern und Brünigpass direkt
nach Hasliberg-Reuti (nur wenige
Parkplätze bei der Talstation der
Gondelbahn) – oder von Bern über
Interlaken nach Meiringen.*
■ **Idealalter**
*Ab ca. 5 Jahren; etwas Ausdauer bei
der Wanderung erforderlich.*
■ **Zeitaufwand**
*Gut zwei Stunden Wanderzeit, inklu-
sive Spielen sollte man mindestens
drei bis vier Stunden einrechnen.*
■ **Höhenmeter**
283 m bergab.
■ **Verpflegung**
*Bergrestaurants Mägisalp, Bidmi
oder aus dem Rucksack.*
■ **Auskünfte und Prospekte**
*Meirngen–Hasliberg-Bahnen
Tel. 033 972 51 51
www.muggestutz.ch oder
www.alpentower.ch*

■ Le sentier que nous pratiquerons
aujourd'hui se réfère au premier livre
de Muggestutz. L'histoire: le petit
nain part à la recherche d'un cadeau
adéquat pour sa femme Raurinde et

Die Leiter hoch und auf den Baum.
Une échelle pour atteindre un arbre.

die Kinder animiert, findet man auf
dem Hasliberg ebenso wenig wie
lieblos in den Wald gestellte Gartenzwerge – hier sind Fantasie und
Erlebnishunger gefragt. Dies verste-
hen Kinder oft besser als Eltern, die
sich auf dem Zwergenweg oft fragen, wo denn eigentlich die Zwerge
bleiben …
■ Für Julian, Mikel und ihre Eltern
ist dies kein Problem. Sie haben alle
drei Bände der Muggestutz-Zwerge –
den ersten hat schon Mikel ver-
schlungen, als er etwas jünger war.
Das zweite und dritte Buch lag letz-

suit le chemin des nains jusqu'à la
cavité mystérieuse située dans la
forêt de Priischti. Rääbargen, le gail-
lard peu amical qui surveille la grotte, invente constamment de nouvelles conditions autorisant les visiteurs
à y pénétrer. Muggestutz tentera
tout pour satisfaire à temps à ses
exigences, afin d'avoir la possibilité
d'entrer dans la cavité pour y préle-

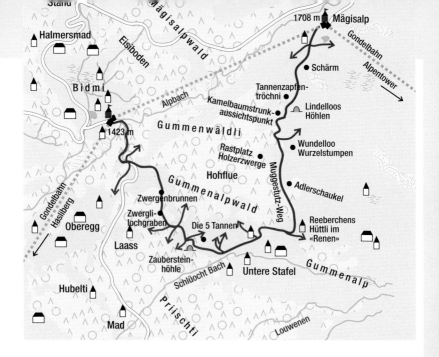

tes Jahr für Julian unter dem Weihnachtsbaum. Auch auf dem Zwergenweg waren sie vor vier Jahren schon. Damals war Julian erst vier und Mikel neun Jahre alt. Auf Bitten und Drängeln Julians sind die Mauerhofers nun erneut auf den Hasliberg gefahren. Auch Mikel war es recht, denn er hat nur gute Erinnerungen an das letzte Mal.

Die Stimme Wundelloos

■ Schon die Fahrt mit der Seilbahn über die steilen Felsen oberhalb von Meiringen ist ein Erlebnis. Auf der Mägisalp angekommen, gehts aber erst richtig los. Julian und Mikel kennen den Weg noch und eilen voraus. Zunächst unter der Gondelbahn hindurch nach links, bis nach rund zehn Gehminuten der erste Posten, die «Tannzapfentröchni», kommt. Annette Mauerhofer macht Fotos von

ver un précieux cadeau pour son épouse.

■ Mettons les choses au point tout de suite: Hasliberg n'abrite pas de lutin déguisé chargé de distraire les bambins et il n'y a pas non plus de nains de jardin en plastique dispersés dans la forêt. Ici, fantaisie et soif d'aventures sont requises. Julien et Michel sont tout feu tout flamme à l'idée de vivre une nouvelle aventure en altitude. Ils ont déjà emprunté ce sentier il y a quatre ans. Julien n'avait alors que quatre ans et Michel neuf. Les implorations insistantes de Julien conduisent aujourd'hui la famille Mauerhofer une nouvelle fois à Hasliberg.

■ Rien que le trajet en téléphérique au-dessus des falaises abruptes situées en dessus de Meiringen est une véritable aventure. Arrivés à Mägisalp, Julien et Michel, qui connaissent déjà le chemin, se pressent. Ils pas-

Muggestutz / Hasliberg

Julian, der bereits damit beschäftigt ist, die Tannenzapfen vom Waldboden mittels eines Korbes, den Mikel beladen hat, auf eine Plattform hochzuziehen. Das macht beiden sehr viel Spass. Im Eilzugstempo gehts weiter zu Lindeloos Höhlen, wo sie über Leitern uralte Baumstrünke erklettern. Verstecken, Jagen und Fangen sind hier angesagt. Frau Mauerhofer atmet auf: Zum Glück tragen die beiden Kids nicht ihre besten Hosen. Dies hat sie seit dem letzten Mal gelernt. Wer durch Höhlen kriecht und auf Bäume klettert, darf sich auch schmutzig machen.

■ Julian kennt die Abenteuer aus den Büchern auswändig. Er hat es am Vorabend des Ausflugs nochmals mit Mikel durchstöbert. Und so erkennen sie auch den Wurzelstumpen wieder,

sent dans un premier temps sous la télécabine, puis à gauche et atteignent le premier poste après environ dix minutes de marche. Annette Mauerhofer fait des photos de Julien, en train de hisser une corbeille pleine de pommes de pins sur une plateforme. Les deux bambins sont aux anges. Complices, ils s'amusent comme des fous. D'un bon pas, ils poursuivent direction «Lindeloos Höhlen». Là, ils peuvent grimper sur de vieux troncs d'arbre au moyen d'échelles et sonder des cavités mystérieuses. Se cacher, se pourchasser et s'attraper, telle est la devise.

■ Les postes et les aventures se suivent mais ne se ressemblent pas. A chaque instant, une nouvelle découverte surgit pour les enfants. Leurs

Wanderparadies: Der Weg führt zu den vielen Muggestutz-Erlebnissen.

Paradis de la randonnée: le chemin conduit à de nombreux postes.

Muggestutz / Hasliberg

Reeberchens Hütte im «Reenen».
La maison de Reeberchen.

auf dem der Zwerg Wundelloo von einem heftigen, Unglück bringenden Föhnsturm weggetragen wurde. Julian mahnt seinen grossen Bruder zur Ruhe und lauscht dem leisen Rauschen der Tannenwälder. War da nicht Wundelloos Stimme? Mikel lacht, der Zwerg sei doch eine Fantasiefigur. «Du hast keine Ahnung», protestiert Julian, «das ist eine ganz alte Sage!»

■ So gehts weiter: Sie kommen zum Rastplatz der Holzerzwerge, zur

Auftakt mit der «Tannzapfentröchni».
Le premier poste: hisser des pives.

sens sont en émois, leurs yeux ébahis et émerveillés par tant de magie.

A suivre ...

Le chemin des nains est long d'environ cinq kilomètres et il est ouvert de la mi-juin à la mi-octobre. Comme tout se passe dans la fantaisie de chacun et que les petits sont forts à ce jeu-là, ils ont souvent la sensation d'être eux-mêmes des nains. Quel plaisir de marcher dans cette belle nature! L'équipement de nos petits lutins pour cette randon-

INFO

■ **Transports publics**
De Lucerne ou Interlaken-Ost, prendre le chemin de fer du Brünig jusqu'à Meiringen. Petite marche jusqu'à la station du télésiège, puis par Reuti et Bidmi jusqu'à Mägisalp (indicateur CFF pos. 470 et 2480).
■ **Trajet en voiture**
Depuis Berne, autoroute direction Interlaken, puis Meiringen. Seul un nombre restreint de places de parc est disponible près de la station de la télécabine.
■ **Âge idéal**
Dès cinq ans; un peu d'endurance est nécessaire pour la randonnée.
■ **Durée**
Deux bonnes heures de randonnée, en comptant les jeux, il faut réserver au moins trois à quatre heures.
■ **Dénivelé**
283 m en descente.
■ **Boire et manger**
Restaurants de Mägisalp, Bidmi ou pique-nique.
■ **Renseignements et prospectus**
Remontées mécaniques
Tél. 033 972 51 51
www.muggestutz.ch ou
www.alpentower.ch

Foto: Ronald Gohl

Muggestutz / Hasliberg

Adlerschaukel, zu Reeberchens Hütte im «Reenen», zur Höhle, wo man angeblich Zaubersteine finden kann. Mikel bleibt draussen, doch Julian will es wissen und klopft mit dem Hammer wild die Wände ab. Tatsächlich kommt er mit etwas Glimmer und ziemlich russigen Händen nach draussen. Der Schatz sei gefunden, frohlockt er. Mikel ist schon weiter, denn angeblich soll im Zwergenbrunnen Gold zu finden sein. Er weiss, dass es kein echtes Gold ist, aber schön aussehen tuts trotzdem.

Fortsetzung folgt ...

■ Der Zwergenweg ist etwa fünf Kilometer lang und von Mitte Juni bis Mitte Oktober geöffnet. Die Bücher von Susanna Schmid-Germann und der Wanderweg ergänzen sich auf wundersame Weise und vertiefen das Erlebnis von Geschichte und Natur. So soll es auch sein – und deshalb stehen keine Gartenzwerge zwischen Wald und Wiese. Dafür fühlen sich die Kleinsten plötzlich selber als «Zwergli». Da macht Wandern Spass, müssen die Eltern zugeben. Als Ausrüstung empfehlen sich gutes Schuhwerk und gebrauchte Kleider. Der Weg ist aber nicht kinderwagentauglich.

■ Was Julian noch nicht wusste: Seit kurzem gibts eine Fortsetzung des Muggestutz-Weges – dieser führt von Käserstatt zum Bannwald. Vati und Mutti versprechen, schon bald wieder auf den Hasliberg zu fahren, um diesen zweiten Weg mit seinen neuen Abenteuern zu erkunden.

Welches Spiel wartet wohl hier?
Quel jeu peut bien se cacher ici?

née se compose de bonnes chaussures et de vieux habits. Le sentier n'est pas praticable avec une poussette.

■ Ce que Julien ignorait, c'est qu'il existe depuis peu une suite au chemin de Muggestutz. Celle-ci conduit de Bidmi à Bannwald. Papa et maman ont promis de revenir bientôt à Hasliberg pour découvrir ce second sentier et ses nouvelles aventures. Julien a déjà acquis le livre «Muggestutz et la maison dans la forêt Bannwald», car il tient à se préparer à cette prochaine aventure dans la magie de la montagne. La tête pleine de rêves, la famille Mauerhofer prend le chemin de la maison.

Goldwaschen / Fontannen

Goldrausch im Entlebuch
La fièvre de l'or à Entlebuch

Ob Julian schon sein erstes Goldnugget gefunden hat?	Julien a-t-il déjà trouvé sa première pépite d'or?

■ Nein, Familie Mauerhofer ist nicht an den Yukon in Alaska geflogen, um am Bach Gold zu waschen. So viel Abenteuer gibts auch günstiger zu haben – nämlich am Fontannenbach in einem weltabgeschiedenen Entlebucher «Chrachen». Und dabei wurde sie sogar fündig ...

Spass statt Reichtum

■ Ein Goldrausch ist im Entlebuch nun nicht zu erwarten, denn die kleinen Splitter machen niemanden reich. So bleibt die schöne Landschaft auch

■ Non, la famille Mauerhofer ne s'est pas envolée pour l'Alaska afin de réaliser le rêve de Michel et Julien: chercher de l'or dans une rivière. Ils ont pourtant vécu une expérience similaire en Suisse, dans la rivière de Fontannen, qui s'écoule dans un coin perdu de la région d'Entlebuch. Leurs recherches n'ont pas été vaines et ils sont rentrés chez eux avec un joli souvenir en poche.

■ Aucune ruée vers l'or n'est attendue à Entlebuch. En effet, les petits éclats du célèbre métal précieux que l'on peut y trouver ne rendent assu-

Chercheur d'or / Fontannen

der Nachwelt erhalten – und Toni Obertüfer, der einzige Berufsgoldwäscher der Schweiz, kann auch weiterhin Familien wie die Mauerhofers am Fontannenbach glücklich machen. Hier gehts eindeutig um den Spass und nicht um einen Sack voller Nuggets.

◾ Weil Julian und Mikel an Tonis zweistündigem Schnupperkurs teilnehmen wollen, gilt es für die Mauerhofers diesmal früh aufzustehen. Bereits um 10.00 Uhr sollen sie am Bach unten sein und mit Toni zusammentreffen. Die Reise ist nicht lang, und das Auto lassen sie am

rément pas riche. Toni Obertüger, le seul chercheur d'or professionnel de Suisse, pourra donc continuer à faire la joie de familles - telles que la famille Mauerhofer - dans un cadre naturel fascinant et paisible. Ici, il est effectivement beaucoup plus question de plaisir que de richesse. Julien et Michel veulent absolument

Toni: fast ein Yukon-Digger.
Toni: le vrai chercheur d'or.

participer à un cours d'initiation donné par Toni. Ceci contraint la famille Mauerhofer à se lever de bonne heure, puisque le rendez-vous est fixé à 10 heures au bord de la rivière. Richard parque son véhicule à la gare de Wolhusen (Parc+Ride). De là, ils poursuivent en car postal direction Romoos. Le trajet jusqu'à Burgmatt ne dure que 9 minutes.

La fièvre de l'or sévit

◼ Le cours que donne Toni a lieu durant les vacances scolaires (env.

INFO

◾ **Hin und zurück mit öV**
Ins Entlebuch gelangen wir über die Bahnstrecke Bern–Luzern. In Wolhusen hält der Interregio, in Entlebuch nur der Regionalzug. Postauto von Wolhusen nach Kappelbodenbrücke (Kursbuchfeld 460 und 460.80).

◾ **Anreise mit dem Auto**
Von der Autobahnausfahrt (A2) Emmen Süd bei Luzern in Richtung Wolhusen fahren (Parkplätze beim Bahnhof) – weiter bis Kappelbodenbrücke mit dem Postauto.

◾ **Idealalter**
Kids ab 7 Jahren.

◾ **Zeitaufwand**
Rund zwei Stunden Wanderzeit, inkl. Baden und Goldwaschen sollten fünf Stunden eingeplant werden.

◾ **Höhenmeter**
82 m bergauf (leichte Steigung).

◾ **Verpflegung**
Aus dem Rucksack.

◾ **Auskünfte und Prospekte**
Goldwasch-Tour, 6130 Willisau Tel. 041 970 03 10 www.goldwasch-tour.ch

Goldwaschen / Fontannen

Gleich wirds spannend ...
Ça va devenir intéressant!

Bahnhof von Wolhusen (Park+Ride) stehen. Weiter gehts mit dem Post-auto, das bereits um 9.00 Uhr in Richtung Romoos abfährt (vorher unbedingt Fahrplan konsultieren, ob etwas geändert hat). Bis Kappelbo-denbrücke sinds nur neun Minuten, also bleibt noch etwas Zeit bis zum Treffen mit Toni Obertüfer. Wie wärs mit einem Abstecher zur Kleinen Emme oder zur Ruine auf dem Hügel?

Das Goldfieber grassiert

■ Endlich ist es so weit. Weil die an-deren Teilnehmer den Schnupperkurs nicht mit einer Wanderung verknüp-fen wollen, kommen sie direkt mit dem Auto angereist. Es sind nicht viele, nur zwei Familien mit fünf Kindern und einem Hund. Julian fin-det schnell einen Freund, und Mikel kann es kaum erwarten, selbst die Goldwaschpfanne in die Hand zu nehmen, welche Toni aus seinem Wagen holt und auf den Boden legt. Die Schnupperkurse finden immer in der Ferienzeit, jeweils am Dienstag

du 6 juillet au 19 août), les mardis et jeudis. Un cours est également orga-nisé pendant les vacances d'autom-ne, le mardi. Il est indispensable de s'inscrire préalablement auprès de Toni Obertüfer.

■ Toni explique que déjà les romains avaient trouvé de l'or dans le Rhin. La grande période des chercheurs d'or de la région de Napf a battu son plein entre le XVIème et le XVIIIème siècle. Les derniers chercheurs d'or professionnels ont été répertoriés au début du XXème siècle.

■ Michel est le premier à enfiler les bottes en caoutchouc que Toni sort

INFO

■ **Transports publics**
La ligne Berne-Lucerne nous conduit à Entlebuch. Le train interrégional fait halte à Wolhusen et le train régional à Entlebuch. Car postal de Wolhusen à Kapellbodenbrücke (indicateur CFF pos. 460 et 460.80).
■ **Trajet en voiture**
De la sortie d'autoroute Emmen-Süd (A2), prendre la route direction Wolhusen (places de parc à la gare). Poursuivre en car postal jusqu'à Kappelbodenbrücke.
■ **Âge idéal**
Enfants dès sept ans.
■ **Durée**
Environ deux heures de randonnée, y compris la baignade et le cours d'ini-tiation, compter cinq heures.
■ **Dénivelé**
82 m en montée.
■ **Boire et manger**
Pique-nique.
■ **Renseignements et prospectus**
Goldwasch-Tour, 6130 Willisau
Tél. 041 970 03 10
www.goldwasch-tour.ch

Chercheur d'or / Fontannen

und Donnerstag von ca. 6. Juli bis 19. August, statt. In den Herbstferien gäbe es einen weiteren Termin, jeweils am Dienstag. Natürlich muss man sich vorher bei Toni Obertüfer anmelden.

■ Toni erklärt, dass bereits die Römer im Rhein Gold fanden. Zwischen dem 16. und 18. Jahrhundert war die Blütezeit des Goldwaschens im Napfgebiet. Die letzten «Berufsgolder» wurden Anfang des 20. Jahrhunderts registriert – zu echtem Reichtum brachte es allerdings keiner.

■ Nicht reich werden, aber die totale Faszination des Goldwaschens miterleben, wollen die Mauerhofers, die Sprengers und Spörris an diesem warmen Sommertag. Als abenteuerlustige «Digger» werden sie in den folgenden zwei Stunden in die Technik des Goldwaschens eingeführt.

■ Mikel zieht als Erster die Gummistiefel an, welche Toni Obertüfer ebenfalls aus dem Wagen holt. Sie können gemietet werden, die übrigen Geräte sind im Kursgeld inbegriffen. Nun aber gehts schnurstracks zum Bach hinunter, darauf haben alle gewartet. Gespannt folgt Annette Mauerhofer den Instruktionen von Toni, dem «Profigolder» – bei Julian und Mikel grassiert bereits das Goldfieber. Fleissig wird geschaufelt, und beide wollen selbst einmal mit Hilfe der Goldwaschpfanne das edle Metall aus dem Flusskies sieben. Toni erklärt, dass man je Kubikmeter Sand oder Kies ein halbes Gramm Gold findet. Ein hartes Stück Arbeit wartet also auf die Mauerhofers.

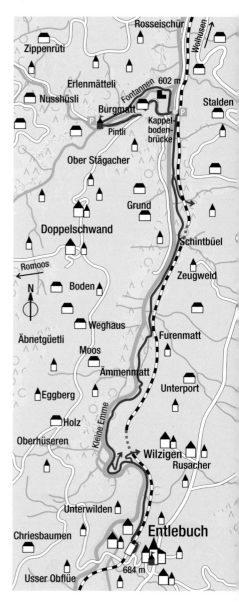

de sa voiture. Ces dernières peuvent être louées séparément. L'équipement ordinaire des chercheurs d'or est prêté par Toni. Tous les participants attendent avec impatience de

Goldwaschen / Fontannen

Julian wird fündig!

■ Plötzlich schreit Mikel, dass auf dem Grund seiner Pfanne etwas glänzt. Alle eilen neugierig zu ihm, doch Toni winkt ab. Das sei nur Glimmer. Also schnell weg damit und wieder schaufeln. Doch dann ist es so weit. Zunächst zweifelt Julian an seinem Fund, schliesslich hat er noch nie echtes Gold in seinen Händen gehalten. Deshalb geht er leise zu Toni, er möchte sich nicht wie Mikel blamieren. Kritisch äugt der Fachmann in die Pfanne und bestätigt Julians Fund. Hurra, es ist Gold! Nun ist der Kleine nicht mehr zu bremsen

se diriger vers la rivière, leur équipement de chercheur d'or en main. La fièvre de l'or saisit la famille Mauerhofer au complet. Sous les instructions de Toni, ils creusent, tamisent, lavent. Toni leur indique que l'on trouve un demi-gramme d'or par mètre cube de sable ou de gravier.
■ Soudain, Michel s'écrie: quelque chose scintille au fond de son tamis. Tous les participants se pressent vers lui, mais Toni constate vite qu'il ne s'agit là que d'un mica. Peu après, Julien découvre également quelque chose. Hésitant, il se dirige vers Toni. D'un œil critique, le professionnel scrute sa trouvaille avant de confir-

Mit der Goldwaschpfanne geht Toni dem Bach auf den Grund.

Avec son tamis, Toni scrute la rivière à la recherche d'une pépite.

Chercheur d'or / Fontannen

Schaufeln und schleusen.
Creuser et filtrer.

und läuft durch den Bach. Dabei spritzt er Mikel nass. Kein Problem, es ist ja Sommer. Leer geht an diesem Tag niemand aus. Alle Teilnehmer finden früher oder später einige der hochkarätigen Goldplättchen. Das gewaschene Gold gehört dem Finder.

■ Goldwaschen macht hungrig. Um die Mittagszeit verabschieden sich alle von Toni. Die Mauerhofers bleiben noch etwas am Bach, baden und braten die mitgebrachten Würste. Anschliessend folgen sie der Kleinen Emme flussaufwärts bis Entlebuch. Der Fluss schlängelt sich zwischen Kiesbänken und Gebüsch durch das stille Waldtal. Nach rund zwei Stunden sind sie am Ziel und nehmen den Regionalzug zurück nach Wolhusen. Dieser Tag wird Julian noch lange in Erinnerung bleiben!

mer qu'il s'agit bien d'un éclat d'or. «De l'or! De l'or!» le petit ne peut se contenir et traverse la rivière en éclaboussant Michel.

■ Personne ne rentrera penaud de cette aventure. Tous les participants trouvent en effet tôt ou tard un éclat de ce précieux métal. L'or appartient à celui qui l'a découvert. Cette quête fiévreuse donne faim. Aux alentours de midi, les participants font leurs adieux à Toni. Les Mauerhofer demeurent quelque peu au bord de la rivière pour se baigner et griller leurs saucisses avant de suivre la Petite Emme vers l'amont jusqu'à Entlebuch. Après environ deux heures de marche, ils atteignent leur but et prennent le train régional jusqu'à Wolhusen.

■ Julien et Michel se souviendront longtemps de cette belle journée. Quels souvenirs ils pourront raconter à la rentrée de l'école! Les copains vont être épatés!

Ob schon Gold in der Pflanne liegt?
Y-a-t-il déjà de l'or dans le tamis?

Flugplatz Birrfeld / Lupfig

Piloten-Schnupperkurs ab 15 Jahren

Cours d'initiation au pilotage

Bitte einsteigen und zum Rundflug Platz nehmen.

Prenez place pour votre vol de plaisance!

Der Aero-Club Aargau in Birrfeld/ Lupfig wurde im Jahre 1937 von einigen unentwegten Idealisten gegründet. Heute ist Birrfeld mit 75 000 Flugbewegungen pro Jahr weltweit einer der grössten nicht kontrollierten Flughäfen – eine besondere Herausforderung für erfahrene und auch ganz junge Piloten, wie wir noch sehen werden. Birrfeld ist inzwischen auch ein beliebtes Ausflugsziel – nicht nur für Freizeitpiloten und Flugfans. Vor allem Familien mit Kindern haben viel Spass, hier etwas von der Faszination der Flie-

L'aérodrome régional de Birrfeld a été fondé en 1937 par quelques idéalistes persévérants. Un pari réussi, puisque aujourd'hui ce site est devenu, grâce à l'ouverture d'esprit des politiciens et de la population, un lieu d'excursion prisé par de nombreuses familles. La place de jeux grandiose, située au bout de la piste de décollage, est réputée être un véritable paradis pour les enfants et les parents en quête d'évasion.
En effet, l'accueil des familles est de telle qualité, que bambins et parents ne peuvent que passer un moment

Aéro-Club de Birrfeld/Lupfig

gerei mitzubekommen. Der grossartige Spielplatz am Ende der Startpiste ist ein kleines Paradies für zukünftige Piloten.

■ Ein Flugplatz weckt oft Träume und Fernweh. «Über den Wolken muss die Freiheit wohl grenzenlos sein», sang schon Reinhard Mey. Wenn dann die Motoren dröhnen und die Luft flimmert, verfolgen wir gespannt den nächsten Start eines der ein- oder zweimotorigen Flugzeuge. Ein grosses Erlebnis ist natürlich immer wieder der Windenstart eines Segelflugzeuges. Mit dem Fernglas beobachten wir dann noch lange den majestätischen Flug des grossen weissen Vogels.

Jugendträume werden wahr

■ Auf einem Flugplatz kann man sich natürlich auch in die Lüfte erheben. Die Flugschule Birrfeld bietet je nach Route diverse Rundflüge von zwölf Minuten bis mehreren Stunden an. Die Preise sind erschwinglich und Kinder unter 12 Jahren zahlen nur die Hälfte (Kleinkinder bis 2 Jahre sind sogar gratis). Warum nicht diese Gelegenheit nützen, um einmal unser Haus, unser Dorf oder unsere Region zu überfliegen? Individuelle Routen können zusammen mit dem Piloten geplant werden. Dazu melden wir uns am besten vorher an – aber oft, besonders am Wochenende, ist es auch möglich, sich spontan für einen Rundflug zu entscheiden.

■ Die moderne Flugschule Birrfeld hat sich auch zum Ziel gesetzt, die Freude des Flugsports an Jungen und

fantastique dans une ambiance bonenfant. Un aérodrome éveille souvent des rêves de liberté et de découvertes dans le cœur des petits et grands. Le bal inlassable des avions de tourisme décollant et se posant émerveille nos sens, tandis que le vol majestueux des grands oiseaux blancs et silencieux – les planeurs – nous laisse rêveurs.

Découvrir les plaisirs de l'aviation

■ L'école de pilotage de Birrfeld propose des vols de plaisance qui peuvent durer entre 12 minutes et plusieurs heures en fonction de l'itinéraire choisi, ainsi que des baptêmes de l'air de quelques minutes. Les prix sont tout à fait abordables et les enfants de moins de 12 ans ne paient que la moitié (- 2 ans, gratuit). Pourquoi ne pas profiter de survoler sa maison, son village, sa région?

Birrfeld – ein Ausflug zum Abheben.
Birrfeld – une excursion différente.

Flugplatz Birrfeld/Lupfig

INFO

▪ **Hin und zurück mit öV**
Lupfig/Brügg im Kanton Aargau erreichen wir mit der Bahn von Brugg oder Lenzburg aus (Kursbuchfeld 652). Bis zum Flughafen sind vom Bahnhof aus 20 Gehminuten erforderlich.
▪ **Anreise mit dem Auto**
Autobahn Bern–Zürich (A1), Ausfahrt Mägenwil, weiter Richtung Brugg fahren und die Wegweiser zum Flugplatz beachten. Autobahn Basel–Zürich (A3), Ausfahrt Brugg und der Beschilderung zum Flugplatz folgen.
▪ **Öffnungszeiten**
Täglich von 8.00 Uhr bis Sonnenuntergang, Restaurant ab 8.30 Uhr.
▪ **Idealalter**
Selber fliegen mit Fluglehrer ab 15 Jahren, fürs Zuschauen und den Spielplatz lassen sich schon ganz kleine Kinder begeistern.
▪ **Zeitaufwand**
Je nach Programm und Interesse mehrere Stunden, die Schnupperkurse dauern zwischen fünf und acht Stunden.
▪ **Verpflegung**
Restaurant auf dem Flugplatz.
▪ **Auskünfte und Prospekte**
*Flugplatz Birrfeld, 5242 Lupfig
Tel. 056 464 40 40
www.birrfeld.ch – info@birrfeld.ch*

Bitte einmal volltanken!
Le plein, je vous prie!

Des itinéraires individuels peuvent être définis avec le pilote. Il est préférable de s'annoncer au préalable, bien que souvent il soit possible de se décider spontanément, notamment en fin de semaine. Cette école moderne s'est également donné pour but de permettre aux jeunes et moins jeunes (dès 15 ans) de découvrir les plaisirs de l'aviation en leur proposant des cours d'initiation comprenant théorie et pratique. Ces cours d'une journée sont donnés par des instructeurs professionnels, soit sur des avions à moteur (env. 5 h) ou sur des planeurs (env. 8 h). Une expérience inoubliable!

Une grande terrasse permet de manger au bord de la piste

▪ L'aérodrome de Birrfeld possède encore un argument de poids pour vous inviter à y passer une journée de détente. En effet, le restaurant de l'aérodrome saura faire décoller les papilles gustatives de ses hôtes, grâce à des plats succulents et raffinés. Le chef met un point d'honneur sur sa cuisine fraîche et de saison, ainsi que sur ses menus adaptés aux goûts des petits gastronomes. Une jolie carte pour enfants, composée de différents mets et desserts, attend les bambins. Une grande terrasse permet de manger au bord de la piste de décollage. Crayons, papier et matériel de bricolages sont à disposition des jeunes hôtes, ainsi que la place de jeux, située juste à côté. Dans une telle ambiance, le repas devient une sensation pour les petits,

Aéro-Club de Birrfeld/Lupfig

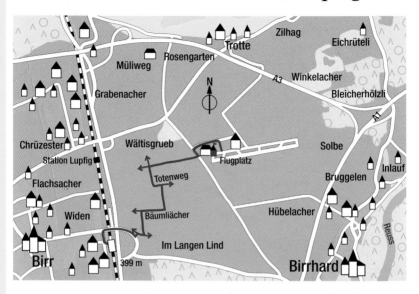

Wer hat's gewusst: Autofahren mit 18, selber fliegen ab 15 Jahren!

Qui l'aurait deviné: conduire dès 18 ans, mais voler dès 15 ans!

Flugplatz Birrfeld / Lupfig

Mädchen zu vermitteln, die schon mit 15 Jahren das erste Mal als Pilot ins Cockpit steigen und selber fliegen dürfen. Ohne grosse Formalitäten ist ein solcher Schnupperkurs möglich – es kostet auch kein Vermögen: für den Motorflieger 169 Franken und für einen Segelflieger sogar nur 138 Franken (Stand 2005). Dem Abenteuer geht eine einstündige theoretische Einführung mit einem echten Fluglehrer voraus. Danach heisst es im vierplätzigen Motorflug-

qui ne trouvent pas le temps de s'ennuyer. En été, un self-service est ouvert le mercredi et en fin de semaine. On y trouve de la cuisine simple et à un prix sympa pour les familles. Une fois leur assiette terminée, les petits peuvent s'ébattre sur la place de jeux, pendant que papa et maman savourent leur café en toute quiétude.

■ L'aérodrome d'Argovie, un lieu insolite, entre ciel et terre – une aventure qui ne s'oublie pas!

Kleinere Flughafenbesucher üben das Abheben auf dem Spielplatz.

Les jeunes visiteurs de l'aérodrome s'envolent sur la place de jeux.

Aéro-Club de Birrfeld/Lupfig

zeug Platz zu nehmen und sich mit den Instrumenten auf dem Pilotensitz vertraut zu machen – der Fluglehrer sitzt am Doppelsteuer daneben. Und schon kann es losgehen. Das komplette Programm dauert bis zu einem halben Tag – und auf diesen Ausflug kommen auch garantiert ältere Kids mit! Ein wohl unvergessliches Erlebnis, das in so manch jungem Herz die ganz grosse Begeisterung für die Fliegerei weckt!

Restaurant direkt an der Piste.
Restaurant en bord de piste.

Im Restaurant neben der Piste

■ Das Restaurant beim Flugplatz bietet wahre Gaumenfreuden. Der Chef legt ebenso grossen Wert auf eine frische und saisonale Küche wie darauf, dass die kleinen Feinschmecker als zufriedene Gäste nach Hause gehen. Eine schöne Kinderkarte mit diversen Speisen und Desserts wartet auf die kleinen Gäste. Die grosse Terrasse erlaubt uns, direkt am Rand der Start- und Landebahn zu essen. Wo ist das sonst noch möglich! Bleistifte, Papier und Material zum Basteln stehen allen Kindern zur Verfügung, genauso wie der wunderbare Spielplatz nebenan. In einer so tollen Umgebung bildet das gemeinsame Essen denn krönenden Abschluss eines Besuches auf dem Flugplatz. Im Sommer ist am Mittwoch und am Wochenende auch das günstige Selbstbedienungsrestaurant geöffnet. Wenn unsere Kinder ihre Teller leer gegessen haben, können sie sich auf dem Spielplatz austoben, während die Eltern den Kaffee in aller Ruhe geniessen können.

INFO

■ **Transports publics**
Différentes lignes ferroviaires permettent de rejoindre Lupfig/Brügg dans le canton d'Argovie. De là une vingtaines de minutes de marche sont nécessaires pour rejoindre l'Aérodrome. (indicateur CFF pos. 652).
■ **Trajet en voiture**
Autoroute Berne-Zurich (A1), sortie Mägenwill, puis suivre la direction de Brugg jusqu'au premières indications pour l'aérodrome. Depuis Bâle, sortie «Brugg», puis suivre la direction de l'aérodrome.
■ **Ouverture**
7 jours sur 7, de 8 h au coucher du soleil. Le restaurant est également ouvert tous les jours, dès 8h30.
■ **Âge idéal**
Petits et grands, tous y trouveront leur compte. Les cours sont réservés aux jeunes dès 15 ans.
■ **Durée**
Une excursion en toute liberté qui permet de passer une ou plusieurs heures dans cet endroit fantastique.
■ **Dénivelé**
75 m montée/descente.
■ **Boire et manger**
Restaurant de l'aérodrome.
■ **Renseignements et prospectus**
*Aérodrome Birrfeld, 5242 Lupfig
Tél. 056 464 40 40
www.birrfeld.ch – info@birrfeld.ch*

Sauriermuseum / Frick

Auf den Spuren der Saurier
Découvertes paléontologiques

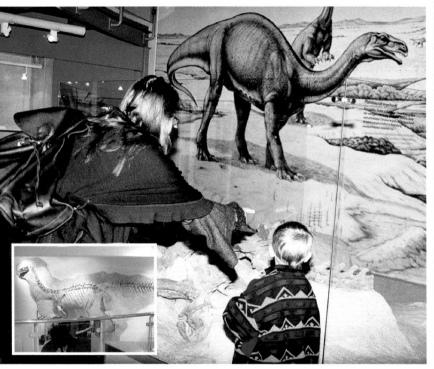

Informative Dioramen, die bei Gross und Klein Interesse wecken.

Informations captivantes, qui intéressent petits et grands.

Im Norden des Kantons Aargau befindet sich eine hübsche kleine Marktstadt – Frick. Allein schon die wunderschöne Landschaft ist einen Besuch wert. In der Tongrube Gruhalde, die sich im Besitz der ortsansässigen Tonwerke Keller AG befindet, wurden mehrere einzigartige paläontologische Funde gemacht. Als Paläontologie bezeichnet man die Lehre der alten, fossilen Lebewesen, zum Beispiel Saurier.

Au nord du canton d'Argovie, se situe une adorable petite ville marchande: Frick. Le paysage environnant est d'une rare beauté, ce qui concède un charme indéniable au trajet pour s'y rendre. La mine d'argile de la vallée de Frick a non seulement rendu possible l'important développement économique de la région, mais elle a également permis de lever le voile sur son histoire paléontologique.

Le Musée de Dinosaures / Frick

■ Die Entdeckungsgeschichte hat bereits im Jahre 1961 angefangen, als Ernst Wälchli, Laborchef der Tonwerke Frick, eigenartig bläuliche Gesteinsbrocken in der Tongrube fand. Bei genauerer Betrachtung erwiesen diese sich als versteinerte Knochenstücke. Einige Jahre später stiessen seine Buben auf zusammenhängende Knochen, und nach ersten Grabungen im Jahre 1976/77 wurde bald klar, dass es sich dabei um Saurierreste handeln musste. Vier weitere Grabungen fanden im Laufe der folgenden Jahre statt. Als einziges Museum der Schweiz zeigt das Sauriermuseum Frick ein vollständiges Skelett des Dinosauriers Plateosaurus – es stammt aus der Tongrube von Frick.

Ein Museum wird gebaut

■ Genug Gründe, um ein Museum zu eröffnen! 1991 wurde im Untergeschoss des ehemaligen Schulhau-

Selbst kleine Kids sind interessiert.
Même les plus petits sont fascinés.

Quatre fouilles grandioses

■ Tout a commencé alors qu'Ernst Wälchli, chef du laboratoire de l'usine d'argile de Frick découvrit, en 1961, un étonnant bloc de pierre bleuâtre au fond de la mine – des bouts d'ossements fossilisés. Quelques années plus tard, ses enfants découvrirent des os correspondants et, après les premières fouilles de

INFO

■ **Transports publics**
Car postal depuis la gare d'Aarau, trains directs depuis les gares de Bâle et Zurich. Depuis la gare, suivre les indications pour le musée, qui se trouve à 5 minutes de là (indicateur CFF pos. 700, 700.60).
■ **Trajet en voiture**
Autoroute A2 direction Bâle, juste avant la métropole, prendre la direction de Zurich (A3) jusqu'à la sortie Frick, qui se situe à mi-chemin entre Zurich et Bâle. Places de parc près du complexe scolaire.
■ **Âge idéal**
Dès 8 ans env.
■ **Durée**
Le musée n'est pas très grand, mais en prenant son temps et en visionnant le film, on y passe une petite heure. Les fouilles dans la mine d'argile peuvent durer des heures, en fonction de l'endurance des chercheurs en herbe!
■ **Ouverture**
Tous les premier et troisième dimanches du mois, de 14h à 17h. Des visites sont possibles en tout temps, sur demande.
■ **Boire et manger**
Plusieurs restaurants en ville.
■ **Renseignements et prospectus**
Sauriermuseum Frick, Schulstr. 22 Tél. 062 871 53 83.
www.sauriermuseum-frick.ch

Sauriermuseum / Frick

INFO

Hin und zurück mit öV
Von Basel, Zürich, Baden und Brugg erreichen wir Frick mit dem Schnellzug. Zwischen Aarau und Frick besteht eine Postauto-Verbindung. Das Museum befindet sich nur fünf Gehminuten vom Bahnhof (Kursbuch 700 und 700.60).

Anreise mit dem Auto
Autobahn Basel–Zürich (A3), Ausfahrt Frick. Vom Saurierkreisel die Hauptstrasse entlang und links in die Schulstrasse abzweigen.

Saison
Jeden ersten und dritten Sonntag im Monat ist das Museum von 14.00 h bis 17.00 h geöffnet. Führungen jederzeit auf Voranmeldung.

Idealalter
Ab 8 Jahren.

Zeitaufwand
Der Besuch des Museums dauert rund eine Stunde, für den Lehrpfad wird nochmals eine Stunde aufgewendet.

Verpflegung
Mehrere Restaurants in Frick.

Auskünfte und Prospekte
Sauriermuseum Frick, Schulstr. 22 Tel. 062 871 53 83 (Anmeldung) und 062 865 28 06 (Information) www.sauriermuseum-frick.ch

Lehrreicher Museumsrundgang.
Une visite particulièrement ludique.

1976/77, il devint évident qu'il s'agissait de restes de dinosaures. Quatre fouilles grandioses ont suivi, permettant de mettre à jour de nombreuses pièces fascinantes et exceptionnellement bien conservées. En 1984, l'on découvrit le squelette entier d'un plateosaure.

Un sentier didactique

Autant de raisons pour créer une exposition recensant ces merveilles. En 1991, grâce aux autorités communales et aux sponsors, le Musée de Frick ouvrit ses portes au sous-sol de l'ancien bâtiment scolaire (entrée à l'arrière de la bâtisse). De nombreux fossiles, minéraux et ossements sont à découvrir dans une galerie claire et structurée. Le plateosaure, trouvé dans la mine, est fièrement exposé – une exclusivité suisse. Un film de 15 minutes sur les dinosaures de Frick est proposé aux visiteurs, tout au long de l'après-midi. Le Musée étant petit, l'atmosphère qui s'y dégage est très conviviale et familiale. Les responsables répondent avec enthousiasme aux questions des visiteurs et leur fournissent mille informations passionnantes. Un projet devrait permettre, dès l'année 2005, de relier le musée à la mine d'argile, Tongrube Keller AG, grâce à un sentier didactique comprenant 8 postes. Celle-ci est située derrière la gare et son accès est autorisé au public. Après la visite, nous pouvons donc entreprendre nos propres fouilles qui, avec un peu de chance, nous permettront de mettre à jour un joli fossile.

Fotos: Sandrine Collet

Le Musée de Dinosaures / Frick

ses (Eingang hinter dem Gebäude) das Sauriermuseum Frick eingeweiht. Viele Fossilien aus dem Jurameer sind in einer hellen und modern gestalteten Ausstellung zu sehen. Der Plateosaurus, der in der Grube gefunden wurde, steht natürlich im Mittelpunkt des Interesses. Ein 15-minütiger Film klärt die Besucher über die spannende Entdeckungsgeschichte auf.

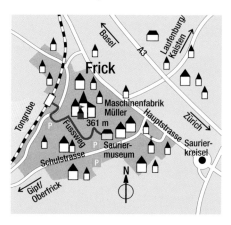

■ Die Schweiz besitzt mit dem Sauriermuseum Frick einmalige Schätze der Erdgeschichte. Prächtige Versteinerungen aus der Trias- und Jurazeit dokumentieren das Leben in unserem urzeitlichen Land, als noch Dinosaurier durch eine wüstenartige Landschaft trotteten. Als die Jurazeit vor rund 200 Millionen Jahren das Trias ablöste, überflutete ein tropisches Meer die Schweiz. Versteinerte Reste von Meerestieren belegen die erdgeschichtliche Entwicklung.

Lehrpfad zur Tongrube

■ Das Museum ist klein und verfügt über eine gesellige, fast familiäre Atmosphäre. Die Verantwortlichen beantworten mit Freude die Fragen der Besucher und vermitteln viele faszinierende Erkenntnisse. 2005 soll ein Lehrpfad mit acht Stationen das Museum mit der Tongrube verbinden. Diese Tongrube befindet sich hinter dem Bahnhof, und der Zutritt ist auf eigene Verantwortung erlaubt. Nach dem Museumsbesuch können wir also noch etwas selber graben, und mit viel Glück werden wir eine schöne Fossilie finden.

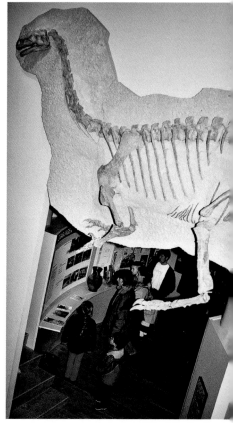

Saurierskelett aus der Tongrube.
Le squelette provenant de la mine.

Kindermuseum / Baden

Entdecken – ausprobieren – spielen
Découvir – essayer – jouer

Hantieren, selber machen, spielen –
alle sind begeistert!

Bricoler, faire soi-même, jouer –
tous sont enthousiastes!

■ Nicht Eingeweihte fragen gelegentlich was ein Kindermuseum überhaupt sei und was es bezwecke. Das Museum bietet den Rahmen für Spiel, Erlebnis und Generationengespräche im Kreise von Familie, Schulklasse und Erwachsenengruppe. Das ganze Haus will entdeckt werden: eine vielseitige Dauerausstellung, aktuelle Sonderausstellungen sowie viele attraktive Spiel- und Experimentierstationen – ein Observatorium, ein Spielsaal, ein Hosensackmuseum und eine Kindergalerie, wo Kinder

■ Un musée exceptionnel, voué au jeu, aux découvertes et au dialogue entre les générations. La bâtisse entière regorge de merveilles: une exposition permanente hétérogène, des expositions temporaires ainsi que des stations de jeux et de découvertes – un observatoire, une salle de jeux, le musée des poches et la galerie des enfants, où les artistes en herbe peuvent exposer leurs propres collections ou travaux créatifs.
■ Les fondateurs du Musée des Enfants, Sonja et Roger Kaysel, ont

Le Musée des Enfants / Baden

ihre eigenen Sammlungen und kreativen Arbeiten präsentieren.

■ Die beiden Gründer des Kindermuseums, Sonja und Roger Kaysel, erhielten 2004 den Aargauer Kulturpreis. Vom Europarat wurde das Schweizer Kindermuseum sogar für den European Museum of the Year Award 2004 nominiert.

■ Von der Museumsleitung werden jeweils von Oktober bis April viele Wochenendaktivitäten und Workshops geboten, an welchen Kinder und ihre Familien teilnehmen können. Das jeweilige Programm wird im Internet unter www.kindermuseum.ch publiziert. Führungen durchs Museum finden die ganze Woche auf Voranmeldung, zum Beispiel für Schulklassen, statt. Auch Kindergeburtstage können im Schweizer Kindermuseum auf originelle Art und Weise gefeiert werden.

■ Der Eintritt ist bescheiden – Kinder bezahlen 3 Franken, Erwachsene 10 Franken – der Erlebniswert ist riesig. 300 Jahre Kinderkultur zu den Themen Familie, Kindheit, Spiel, Spielzeug u.v.m. erwarten uns.

reçu en 2004 le Prix argovien de la Culture. Le Musée Suisse des Enfants a même été retenu pour le Prix «European Museum of the Year Award 2004».

■ Différentes activités et ateliers, auxquels peuvent participer les enfants et leurs familles, sont organisés en fin de semaine, du mois d'octobre au mois d'avril. Les visites guidées sont possibles tous les jours, sur demande.

Le prix de l'entrée est modeste – les enfants paient 3 francs, les adultes 10 francs.

Viel Spass im Spielzimmer.
Les joies de la salle de jeux.

INFO

■ **Mit dem öV / Transports publics**
Mit Schnellzug oder S-Bahn von Zürich bzw. Olten, das Kindermuseum finden wir am Ländliweg 7. Train direct ou S-Bahn depuis Zurich resp. Olten. Le Musée des Enfants est à la rue Ländliweg 7.
■ **Mit dem Auto / En voiture**
Ausfahrt Baden-West (A1), Parkhaus Ländli benützen. Sortie Baden-West (A1), utiliser le parking Ländli.
■ **Idealalter / Âge idéal**
Ab ca. 5 Jahren. Dès env. 5 ans.
■ **Zeitaufwand / Durée**
Je nach Interesse bis 2 Stunden. Suivant l'intérêt, jusqu'à 2h.
■ **Öffnungszeiten / Dénivelé**
Mittwoch bis Samstags 14.00–17.00 Uhr, Sonntag von 10.00–17.00 Uhr. Mercredi à samedi 14h00–17h00, le dimanche de 10h00–17h00.
■ **Verpflegung / Boire et manger**
Getränke- und Snackautomat. Automate à boissons et snacks.
■ **Auskünfte / Renseignements**
Schweizer Kindermuseum, Baden Tel. 056 222 14 44 www.kindermuseum.ch

Indianer und Inuit / Zürich

Nordamerika Native Museum NONAM
Les «Native Americans» et «Inuit»

Bunte Malereien und Masken von den Indianern der Nordwestküste.

Peintures colorées et masques provenant de la côte nord-ouest.

Winnetou und Old Shatterhand, den beiden Helden aus den berühmten Karl-May-Büchern, werden wir im Zürcher Nordamerika Native Museum (NONAM) nicht begegnen, dafür aber entdecken wir viel Wissenswertes über die Kultur und das Leben ihrer Stammesbrüder. Zuallererst erfahren wir, dass man

Nous ne rencontrerons certes pas Winnetou et Old Shatterhand, les deux héros des célèbres livres de Karl May, au musée zurichois «Nordamerika Native Museum» (NONAM) pourtant, nous y découvrirons une foule d'informations captivantes sur la culture et la vie de leurs congénères. Avant toute chose, nous appren-

Indiens et Inuit/Zurich

gar nicht Indianer und Eskimo sagt, sondern dass die Ureinwohner Nordamerikas «Native Americans», «First Nations» und «Inuit» heissen.

Eine Entdeckungsreise

■ Kids kommen im NONAM natürlich ganz gross auf ihre Kosten, obwohl wie in jedem anderen Museum das Herumrennen oder Berühren der Ausstellungsobjekte nicht gestattet ist. Dafür zeigen die Mitarbeiter und Museumspädagogen gerne, wo etwas ausprobiert und entdeckt werden kann, wo man Geschichten findet

INFO

■ **Hin und zurück mit öV**
Vom Hauptbahnhof Zürich fahren wir mit der S6 oder S16 bis zum Bahnhof Tiefenbrunnen. Von dort aus wenige Gehminuten bis zum NONAM-Museum an der Seefeldstrasse 317.
■ **Anreise mit dem Auto**
Von der City zum Bellevueplatz, weiter in Richtung Rapperswil, Parkplätze beim Bahnhof Tiefenbrunnen.
■ **Idealalter**
Kinder ab 5 Jahren (Dauerausstellung).
■ **Zeitaufwand**
Rund eine Stunde. Wer sich die Tonbildschau ansieht und in der Leseecke verweilt, bleibt etwas länger.
■ **Öffnungszeiten**
Samstag und Sonntag, 10.00–17.00 Uhr, Dienstag bis Freitag 13.00–17.00 Uhr, Mittwoch, 13.00–20.00 Uhr, Montag geschlossen.
■ **Verpflegung**
In der kleinen Cafeteria gibts Kaffee, kalte Getränke und Gebäck.
■ **Auskünfte**
Nordamerika Native Museum, Zürich, Tel. 043 499 24 40
www.nonam.ch

drons que l'on ne dit pas «Indien» ou «Esquimau», mais que les peuples premiers de l'Amérique du Nord s'appellent les «Native Americans», «First Nations» et «Inuit».

Federschmuck aus den «Plains».
Parure de plumes des «Plains».

Un voyage-découverte

■ Le NONAM, bien qu'il ne soit pas autorisé d'y courir ou de toucher les objets exposés – comme dans tous les musées d'ailleurs – est un lieu plaisant pour les jeunes. Les collaborateurs et pédagogues du musée indiquent volontiers aux enfants à quel endroit ils peuvent essayer ou découvrir quelque chose, où se trouvent les livres et où sont les coins-lecture. Le NONAM constitue une excursion culturelle et historique idéale pour les enfants intéressés à

Indianer und Inuit / Zürich

und wo die Plätzchen für Leseratten sind. Das NONAM eignet sich gut als kulturgeschichtliche Entdeckungsreise für interessierte Kinder in Begleitung ihrer Eltern. Ohne falsche Romantik erhalten wir gut verständlichen Einblick in die Lebensformen der Native Americans und Inuit. Federschmuck, Felle, Pelze, Masken, Bootsmodelle aus Birkenrinde und vieles mehr gibt es zu bewundern. Eine ganz besondere Attraktion sind neben der Dauerausstellung die berühmten Kupferstiche des Indianermalers Karl Bodmer. Mit wechselnden und aktuellen Themen versucht das NONAM, in den Sonderausstellungen ein Fenster zum heutigen Leben der Natives und Inuit Nordamerikas zu öffnen.

Familienführungen und Kindergeburtstage

Jeden Sonntag findet um 12 Uhr eine Familienführung statt. Alle Kinder ab 6 Jahren sind willkommen. Voraussetzung ist aber, dass die Kinder von einer erwachsenen Person

Picknickplatz im Hof des NONAM.
Place de pique-nique dans la cour.

INFO

■ **Transports publics**
De la gare principale de Zurich, nous empruntons les S-Bahn nos 6 ou 16 pour rejoindre la gare de Tiefenbrunnen. De là, quelques minutes de marche nous séparent du musée, situé à la Seefeldstrasse 317.
■ **Trajet en voiture**
De Zurich-City à la «Bellevueplatz», poursuivre direction Rapperswil, parking de la gare de Tiefenbrunnen.
■ **Âge idéal**
Enfants dès cinq ans (exposition permanente).
■ **Durée**
Environ une heure. La visite peut durer plus longtemps si l'on regarde un film ou lit un bouquin.
■ **Heures d'ouverture**
Samedi et dimanche de 10h00 à 17h00, du mardi au vendredi de 13h00 à 17h00, le mercredi de 13h00 à 20h00, fermé le lundi.
■ **Boire et manger**
La petite cafétéria propose café, boissons froides et gâteaux.
■ **Renseignements**
*Nordamerika Native Museum, Zürich, Tél. 043 499 24 40
www.nonam.ch*

ces thèmes. Sans fausse romance, nous y découvrons un aperçu compréhensible et palpable des habitudes des Native Americans et des Inuit. Parures de plumes, peaux, fourrures, masques, bateaux en écorce de bouleau, ainsi qu'une multitude d'autres trésors sont à contempler. Les célèbres gravures du peintre Karl Bodmer constituent également une attraction prisée. Par leurs thèmes variés et actuels, les expositions temporaires du NONAM veulent ouvrir une fenêtre sur la vie d'aujourd'hui des Inuit et des «Natives» d'Amérique du Nord.

Fotos: NONAM

Indiens et Inuit/Zurich

begleitet werden. Das NONAM organisiert auch Kindergeburtstage und Erlebnisnachmittage für Boys und Girls zwischen 5 und 12 Jahren. Jedes Kind gestaltet seinen persönlichen Glücksbeutel oder sein eigenes Stirnband. Geschichten hören, singen, trommeln, Geschicklichkeits- und Rollenspiele sowie indianische Tänze sind weitere Höhepunkte dieser Veranstaltungen (bitte frühzeitig anmelden).

Zwischen Birkenstämmen und Kanus erfahren wir mehr.

■ Tous les dimanches à 12h débute une visite guidée pour les familles. Les enfants dès six ans y sont les bienvenus, pour autant qu'ils soient accompagnés d'un adulte. Le NONAM organise également des fêtes d'anniversaire et des après-midi découverte pour les enfants. Chaque participant peut y créer son porte-bonheur ou son bandeau, écouter des histoires, apprendre des chants, des danses ou des jeux. Veuillez vous annoncer suffisamment tôt.

Découvertes entre troncs de bouleaux et canoës.

Dinosauriermuseum / Aathal

Verschwundene Giganten
Dans l'univers des géants disparus

Gigantische Meeressaurier «schwimmen» über den Köpfen der Besucher.

Des sauriens marins gigantesques planent au-dessus des visiteurs.

■ Schon von weitem entdecken wir das Sauriermuseum, denn am Strassenrand heissen uns zwei Giganten einer verschwundenen Welt willkommen. Im Gebäude der ehemaligen Baumwollspinnerei entdecken wir mehr von dieser fantastischen Zeit, als die Saurier vor Millionen Jahren die Welt regierten. Wir entdecken Dinosaurier wie den Diplodocus, den Camarasaurus, den gefürchteten Allosaurus oder den berühmten gezackten Stegosaurus und viele weitere beeindruckende Artgenossen. Die lehrreiche Ausstellung auf rund

■ A notre arrivée à Aathal, nous reconnaissons facilement le bâtiment abritant le Musée des Dinosaures, grâce à deux sympathiques specimens qui se tiennent au bord de la route principale. A l'intérieur de ce paradis paléontologique, situé dans une ancienne filature de coton, nous découvrons un univers fantastique, fait de répliques de diplodocus, camarasaurus, allosaurus, stégosaure et autres congénères impressionnants. Une exposition ludique, qui s'étend sur 1500 m^2 et où ces géants disparus reviennent presque à la vie.

Le Musée des Dinosaures / Aathal

1500 m² begeistert nicht nur Saurierfans; hier wird den verschwundenen Giganten fast wieder Leben eingehaucht!

Nicht nur für Dinoliebhaber

 Das Wort «Dinosaurier» (schreckliche Echse) hat der englische Wissenschaftler Richard Owen im Jahre 1841 kreiert. Seit Mitte des 19. Jahrhunderts wächst das Interesse der Bevölkerung und der Wissenschaft an diesen so rätselhaften Tieren. Heute sind wir im Besitz von vielen faszinierenden Informationen über Hunderte von Saurierarten, die vor Millionen von Jahren lebten.

Ein Team von Dinoliebhabern und Wissenschaftlern hat vor mehr als zehn Jahren das Sauriermuseum in Aathal eröffnet. Seit der Gründung ist eine bedeutende Sammlung entstanden, welche die einstige Herrschaft der Saurier auf verständliche und publikumsnahe Art präsentiert. Das Museum ist heute eines der wichtigsten Dinosaurierzentren Europas. Hier soll das Interesse am Naturphänomen der Urzeit geweckt werden: Zu den begeisterten Besuchern gehören Schüler, Familien und Liebhaber von Fossilien (Versteinerungen). Die Ausstellung verändert sich und wächst, weil jedes Jahr neue Exponate hinzukommen, Leihgaben ausgestellt werden und neue Kulissen aus dem Reich der Dinos entstehen. Das Museum verfügt auch über eine eigene Ausgrabungsmannschaft, die jedes Jahr in den USA unterwegs ist, um neue

Le règne des sauriens

Le mot «Dinosaurier» a été créé en 1842 par le scientifique anglais Richard Owen. Depuis le milieu du XIXe siècle, l'intérêt de la population et de la science pour ces animaux mythiques s'est intensifié. Aujourd'hui nous possédons quantités d'informations fascinantes sur les multiples races de sauriens qui ont vécu sur nos cinq continents. C'est dans le but de transmettre sa passion et son savoir, qu'une équipe de passionnés a fondé, en 1992, le Musée des Dinosaures d'Aathal, où le règne des sauriens est montré et expliqué de manière palpable et compréhensible pour tous. Il est devenu depuis un des centres sur les dinosaures les plus importants d'Europe. Le musée

Dinosauriermuseum / Aathal

INFO

■ **Hin und zurück mit öV**
Aathal ist bequem mit der S14 zu erreichen. Sie fährt jede halbe Stunde ab Zürich Hauptbahnhof. In Aathal folgen wir der Beschilderung, welche uns nach 600 m zum Museum führt. (Kursbuchfeld 800-S14).

■ **Anreise mit dem Auto**
Das Sauriermuseum Aathal liegt nur 1 km vom Autobahnende (A53) Uster (Fahrtrichtung Wetzikon). PKW- und Bus-Parkplätze sind in ausreichender Zahl vorhanden und erst noch gratis.

■ **Idealalter**
7–12 Jahre.

■ **Zeitaufwand**
Die Entdeckung der 200 ausgestellten Objekte dauert mindestens zwei Stunden. Man kann aber auch problemlos einen halben Tag im Sauriermuseum verbringen.

■ **Öffnungszeiten**
Dienstag bis Samstag von 10.00 h bis 17.00 h, Sonntag und Feiertage von 10.00 h bis 18.00 h. Montag geschlossen.

■ **Verpflegung**
Cafeteria mit kleinen Imbissen.

■ **Auskünfte und Prospekte**
*Sauriermuseum
Zürichstrasse 202, 8607 Aathal
Tel. 044 932 14 18
www.sauriermuseum.ch*

Wie im Urwald, ein lebendiges Museum.
Un musée vivant, aux allures de forêt vierge.

s'adresse à un public composé d'écoles, de familles et de personnes intéressées par les phénomènes naturels. L'exposition est loin d'être statique. En effet, elle est en perpétuelle mutation, puisque chaque année viennent s'ajouter de nouvelles pièces et de nouveaux décors, en fonction des dernières trouvailles des chercheurs. Le Musée dispose de sa propre équipe de fouille, qui part régulièrement en mission pour trouver de nouveaux ossements. Un préparatorium, situé à côté de la cafétéria, permet également aux spécialistes de créer ossements, squelettes et répliques.

Transmission d'une passion

■ L'exposition permanente nous propose de découvrir des squelettes entiers, attestant de l'envergure de ces animaux préhistoriques – certains spécimens ont été reconstitués et placés dans des décors fabuleux. Les objets exposés sont agrémentés de textes et d'explications permettant de comprendre rapidement les notions paléontologiques et le contexte de l'époque. Deux petites salles de cinéma et des cabines vidéos nous convient à visionner des documentaires intéressants. Un sentier didactique propose aux enfants de résoudre des énigmes sur la vie des dinosaures. Au gré de notre visite, nous verrons également une exposition sur les empreintes laissées par les colosses sur la terre, sur les météorites et sur la fin du règne des dinosaures. De nombreuses exposi-

Le Musée des Dinosaures/Aathal

Begrüssung von Mayasaura (Gute-Mutter-Echse).

Accueil d'un maiasaura (Lézard bonne mère).

Dinosauriermuseum / Aathal

Willkommensgruss im Garten des Museums.
Bienvenue au Musée d'Aathal.

tions temporaires diversifiées complètent cette palette époustouflante. Le Musée d'Aathal permet aux enfants de toucher de nombreuses pièces et de découvrir certains secrets par eux-mêmes.

Préparer des os de dinosaures

■ La direction du Musée met un point d'honneur à la transmission de sa passion et de son savoir aux jeunes générations et propose ainsi différentes activités hors du commun, comme passer une nuit au musée, préparer des os de dinosaures, suivre différents ateliers. De plus, le Musée organise volontiers de fantastiques fêtes d'anniversaires.

Manche Saurier beeindrucken allein durch ihre Grösse ...

Certains sauriens impressionnent par leur taille ...

Foto: Sandrine Collet

Le Musée des Dinosaures / Aathal

Knochen oder ganze Skelette zu finden. In einem Präparatorium, gleich neben der Cafeteria, arbeiten Spezialisten daran, die wertvollen versteinerten Knochen und Skelette aufzuarbeiten. Mit etwas Glück kann die Fossilienpräparation sogar live beobachtet werden.

In der Dauerausstellung entdecken wir vollständige Skelette von Sauriern: Staunend stehen wir vor den riesigen «Ungeheuern» und sind eigentlich ganz froh, nicht in dieser Zeit gelebt zu haben. Interessante Dokumentarfilme über die Zeit der Dinos versetzen uns in eine andere Welt.

Inszeniertes Ende der Saurierzeit.
La fin du règne des dinosaures.

Erlebnisse für Kinder

Ein Kinder- und Familienlehrpfad bietet den Besuchern spannende Aufgaben, bei denen mehrere die Dinosaurier betreffende Rätsel gelöst werden. Das Museum in Aathal erlaubt den Kindern aber auch einige Objekte zu berühren und verschiedene Geheimnisse selber zu entdecken. Die Museumsdirektion legt viel Wert auf die Weitergabe ihres Wissens an die junge Generation und bietet aussergewöhnliche Aktivitäten an wie eine Übernachtung im Museum, das Präparieren von Dinosaurierknochen und verschiedene Workshops.

INFO

■ **Transports publics**
Aathal est facilement atteignable au moyen du train S14 au départ de Zurich (un train toutes les trente minutes). Suivre les indications pour le Musée, qui se trouve à 600 mètres de la gare (indicateur CFF pos. 800-S14).
■ **Trajet en voiture**
Le Musée des Dinosaures se trouve à 1 km de la sortie d'autoroute Uster (A1 dir. St-Gall) en direction de Wetzikon, Hinwil. Places de parc gratuites à la hauteur de la passerelle.
■ **Âge idéal**
7–12 ans.
■ **Durée**
La découverte des 200 pièces exposées dure au moins deux heures, mais on pourrait passer une demi-journée dans ce paradis intemporel.
■ **Ouverture**
Mardi à samedi de 10h00 à 17h00, dimanche et jours fériés 10h00 à 18h00. Fermé le lundi.
■ **Boire et manger**
Cafétéria avec petite restauration et coin pour enfants.
■ **Renseignements et prospectus**
Musée des Dinosaures, Zürichstrasse 202, 8607 Aathal Tél. 044 932 14 18 www.sauriermuseum.ch

Habergschwänd / Filzbach

Ohne Risiko auf die «schiefe Bahn»
Les joies de la vitesse sans danger

Rodelbahn mit 24 Kurven, davon 15 abenteuerliche Steilkurven!

La piste de luge d'été avec 24 virages impressionnants.

■ «Die attraktivste Rodelbahn der Schweiz» verspricht der bunte Werbeprospekt der Sportbahnen Filzbach. Und weiter liest man von kühnen Steilwandkurven über Tannenwipfeln. Der kleine, sonnig gelegene Ferienort Filzbach hoch über dem Walensee hat tatsächlich etwas zu bieten, was man nicht auf jedem Berg findet – nämlich die attraktivste und wohl verrückteste Sommerrodelbahn Europas. Der erlebnisreiche Tag auf dem Kerenzerberg wird garantiert keiner einzigen Familie langweilig!

■ «La piste de luge la plus attrayante de Suisse» est ce qu'annonce le prospectus coloré du télésiège de Filzbach–Habergschwänd. Le petit village de vacances ensoleillé de Filzbach, situé en dessus du lac de Walen, recèle en effet un trésor dont toutes les stations ne disposent pas: la piste de luge d'été la plus attrayante et certainement la plus hallucinante d'Europe. La journée-découverte à Kerenzerberg promet de ne pas être ennuyeuse!

■ Panorama, marche, luge d'été et descente folle en trottinette se combinent ici pour offrir aux familles sporti-

Habergschwänd / Filzbach

Der direkte Weg zum «Schlittelwahn»

Panorama, Wandern, Rodeln und Trottifahren lassen sich in einer wohl einmaligen Reihenfolge auf dem Kerenzerberg kombinieren. Zunächst steigen wir oberhalb des Dorfes in die 2er-Sesselbahn, die in etwa 18 Minuten auf den 1282 Meter hoch gelegenen Panoramaplatz mit dem wenig einprägsamen Namen Habergschwänd führt. Von hier aus geniessen wir einen grandiosen Ausblick auf den fjordähnlichen Walensee und das Nachbardorf Amden, das ebenfalls hoch über dem Ufer auf einer Sonnenterrasse liegt.

Kinder werden sich wohl weniger am Panorama satt sehen, sie drängen ihre Eltern zum Aufbruch. Gleich hinter der Bergstation beginnt die 1,3 Kilometer lange Sommerrodelbahn. Bereits während der Bergfahrt konnten wir die Anlage bewundern, die mancherorts wegen ihrer Steilwandkurven und dem Gefälle von bis zu 75 Prozent an eine Achterbahn erinnert. Nach 254 Metern Höhendifferenz und einer rasanten Fahrt haben wir die Mittelstation erreicht. Wieder hinauf nach Habergschwänd gelangen wir natürlich mit der Sesselbahn.

Zum Wandern überredet ...

Nach drei oder vier weiteren Abfahrten lässt sich mit den Kindern problemlos die anschliessende Wanderung zum Talsee aushandeln. Zu dem in einer tiefen Felsmulde ge-

ves une journée sans pareille. Nous débutons notre excursion par une montée en télésiège à deux. Nous atteignons ainsi le site panoramique d'Habergschwänd, situé à 1282 mètres d'altitude, en quelque 18 minutes. De là, nous jouissons d'une vue grandiose sur le lac de Walen – qui a une apparence de fjord – et sur le village voisin d'Amden, également situé sur une terrasse ensoleillée surplombant la rive du lac.

Comme les enfants ne se contentent pas longtemps du panorama et nous supplient d'avancer enfin, nous nous dirigeons vers la piste de luge d'été. Cette dernière, longue de

Habergschwänd / Filzbach

INFO

■ **Hin und zurück mit öV**
*Von Zürich bis Ziegelbrücke nach
Näfels-Mollis. Von dort aus mit dem
Bus bis Filzbach (Kursbuchfelder
720, 736, 726.10 und 2820).*
■ **Anreise mit dem Auto**
*Auf der A3 von Zürich in Richtung
Chur, Ausfahrt Murg benützen und
Wegweiser nach Kerenzerberg
beachten. Parkplätze bei der
Talstation der Sesselbahn.*
■ **Idealalter**
*Verantwortungsbewusste Kids ab ca.
8 Jahren (jüngere Kinder in Be-
gleitung einer erwachsenen Person).*
■ **Zeitaufwand**
*Eineinhalb Stunden Wanderzeit,
inklusive Trotti und Rodeln sollten
wir mind. 3-4 Stunden einplanen.*
■ **Höhenmeter**
266 m bergab (Wanderstrecke).
■ **Verpflegung**
*Berggasthaus Habergschwänd mit
einmaliger Aussicht. Bergrestaurant
Talalpsee und gemütliche Picknick-
plätze am Talsee.*
■ **Auskünfte und Prospekte**
*Sportbahnen Filzbach AG
Postfach 26, 8757 Filzbach GL
Tel. 055 614 11 68
www.kerenzerberg.ch
info@kerenzerberg.ch*

Sesselbahnfahrt auf die Alp
Habergschwänd.
Télésiège pour Habergschwänd.

1,3 kilomètres, se situe juste derrière la station supérieure du télésiège. Nous en avons déjà contemplé le parcours pendant notre ascension. La piste, avec ses virages élevés et ses fortes déclivités – qui peuvent atteindre jusqu'à 75 pour cent – fait penser à un grand-huit. Nous atteignons la station intermédiaire du télésiège après une course folle présentant un dénivelé de 254 mètres. Une fois nos esprits retrouvés, nous remontons à Habergschwänd en télésiège.

Départ pour la randonnée

■ Après deux ou trois descentes effrénées, les enfants se laissent facilement convaincre pour entamer une randonnée en direction du lac de Talalp. Une route en gravier agréable passe par Chellboden et Scheidweg pour atteindre ce lac de montagne lové dans une cuvette rocheuse. De nombreuses places de pique-nique de toute beauté bordent ses rives. Le carillonnement des cloches des vaches nous accompagne pendant notre repas. Après ce pur plaisir de nature, nous suivons la route bétonnée qui descend à la station intermédiaire où les enfants seront récompensés par une nouvelle attraction. Arrivés là, nous prenons possession d'une trottinette et entreprenons une descente mémorable jusqu'à la station de Filzbach.

Sur les traces des Romains

■ Déjà, avant la naissance de Jésus-Christ, un passage devait exister à

Habergschwänd / Filzbach

Nur für gute Nerven: Sommer-
rodeln wie auf der Achterbahn.

Pour les nerfs solides: la piste de
luge d'été délirante.

Habergschwänd / Filzbach

Wanderung zum Talsee.
Marche vers le lac de Talalp.

Kerenzerberg. Les vestiges du mur du petit oppidum romain de Voremwald le prouvent. Aujourd'hui, le chemin de la Walsa, bien conçu et bien indiqué, permet de faire de belles randonnées depuis Bad Ragaz, en passant par les montagnes de Flumser et de Kerenzerberg, jusqu'à Wesen ou Näfels. Kerenzerberg, frontière entre la vallée du Walensee et le canton de Glaris, était déjà un site touristique prisé au XIXème siècle. Filzbach, la localité la plus élevée sur le col, dispose d'un domaine de randonnée magnifique situé sur une terrasse surplombant le lac de Walen. Ce lieu est unique car il est possible, en une courte marche, de passer d'une vallée à l'autre – la vallée de Walen et le canton de Glaris.

Krönender Abschluss: rasante Talfahrt mit den Trottinetts.

Apogée extraordinaire: descente folle en trottinette.

Habergschwänd / Filzbach

legenen Bergsee führt über Chellboden und Scheidweg eine bequeme Schotterstrasse. Am Ufer finden sich viele lauschige Picknickplätze, die heimatliche Idylle wird vom «Kuhglockengebimmel» untermalt. Nach dem Naturgenuss folgt als Belohnung für die Kinder erneut Actionspass, doch zunächst gilt es, den Abstieg auf der Teerstrasse über Allmeind zur Mittelstation unter die Füsse zu nehmen. Dort angekommen, nimmt man ein Trottinett in Empfang; die Abfahrt zur Talstation in Filzbach bleibt dann wohl jedem in guter Erinnerung!

Trottifahrt vorbei an idyllischer Landschaft.
Un paysage alpin idyllique.

Auf den Spuren der Römer

 Bereits vor Christi Geburt muss es einen Saum- und Karrenweg über den Kerenzerberg gegeben haben. Die gemörtelten Mauerreste des römischen Kleinkastells von Voremwald weisen darauf hin. Heute ermöglicht der gut ausgebaute und beschilderte «Walsaweg» Wanderungen von Bad Ragaz über den Flumser- und den Kerenzerberg bis hin nach Wesen oder Näfels. Der Kerenzerberg als Passübergang zwischen dem Walenseetal und dem Glarnerland war schon im 19. Jahrhundert ein bekanntes Tourismusgebiet. In Filzbach, der obersten Ortschaft auf dem Pass, befindet sich ein wunderschönes Wandergebiet auf einer Terrasse über dem Walensee. Einmalig deshalb, weil man in sehr kurzer Wanderzeit von einem Tal (Walensee) ins andere (Glarnerland) wandern kann.

INFO

■ **Transports publics**
De Zurich le train mène à Ziegelbrücke puis Näfels-Mollis. De là, le bus conduit à Filzbach (indicateur CFF pos. 720, 736, 726.10 et 2820).
■ **Trajet en voiture**
Prendre l'autoroute A3 de Zurich direction Coire, sortie Murg. Suivre les indications pour Kerenzerberg. Places de parc près de la station du télésiège.
■ **Âge idéal**
Enfants responsables dès 8 ans.
■ **Durée**
Une heure et demie de randonnée. En comptant les nombreuses attractions, il faut réserver trois heures.
■ **Dénivelé**
266 m en descente (marche).
■ **Boire et manger**
Restaurant Habergschwänd avec jolie terrasse. Belles places de pique-nique au lac de Talalp.
■ **Renseignements et prospectus**
Sportbahnen Filzbach AG, Case postal 26, 8757 Filzbach GL Tél. 055 614 11 68 www.kerenzerberg.ch

Zwäärg Baartli / Braunwald

Vom Zwergenschloss zu Tiidis Hüüsli

Le château des nains et ses aventures fascinantes

■ Weit hinten im Glarnerland, hoch über dem Tal, steht versteckt unter grossen Tannen ein kleines Häuschen, braun wie Tannenrinde. Sein Bewohner, der Zwäärg Baartli, ist gerade aus dem Winterschlaf erwacht und freut sich über die ersten warmen Sonnenstrahlen und die leuchtenden Blumen, die den Frühling ankünden.

Auftakt mit der Sesselbahn

■ Familie Mauerhofer hat diesen Sommer schon einige tolle Abenteuer erlebt. Dieses Wochenende zieht es sie in die Ostschweiz in den

Im Wald von Braunwald gibts Geheimnisvolles zu entdecken.

■ La famille Mauerhofer a déjà vécu quelques aventures mémorables cet été. Pourtant, ils décident de prendre une fois de plus la clé des champs pour se rendre en Suisse orientale, dans le village de Braunwald. Cette localité, située sur une terrasse ensoleillée à 1300 m d'alt., est interdite à la circulation. Ils laissent donc leur véhicule à l'entrée de Linthal sur le parking prévu à cet effet. De là, ils atteignent leur but au moyen d'un funiculaire moderne.

■ Braunwald est entièrement dédié aux familles. Trois promenades praticables en poussette invitent à la découverte des lieux.

Des mystères sont à découvrir dans la forêt de Braunwald.

Le nain Baartli / Braunwald

Zwergenthron in der Felsspalte.
Un trône pour nains intriguant.

■ Michel et Julien n'ont plus besoin de poussette depuis longtemps et grimpent avec ardeur jusqu'à la station inférieure du télésiège.

■ Le télésiège se balance dans les airs alors que Julien découvre les cinq postes tirés du livre pour enfants «Zwäärg Baartli» (ouvrage disponible en allemand et en anglais).

■ Arrivés à Gumen (1901 m d'alt.), papa et maman savourent un instant la vue fantastique sur les Alpes glaronaises. Julien les presse pour pren-

autofreien Ferienort Braunwald. Das Auto lassen sie eingangs Linthal auf dem grossen Parking, von wo aus sie mit einer ganz modernen Standseilbahn in den autofreien Ferienort auf einer Sonnenterrasse fahren (1300 m ü. M.).

■ Annette Mauerhofer freut sich, denn Braunwald hat sich ganz der Familie verschrieben. Drei kinderwagengängige Dorfspaziergänge laden zum Entdecken der lustigen Zwerge ein. Die Farbe der Zwergen-Zipfelmütze verrät jeweils zusätzlich zu den Wegweisern, auf welchem Rundgang man sich gerade befindet.

■ Mikel und Julian, die beiden Kids, winken ab – schliesslich ist bei den Mauerhofers die Kinderwagenzeit längst vorbei. Also streben sie nach höheren Zielen und nehmen den einzigen kurzen Aufstieg bis zur Sessel-

INFO

■ **Transports publics**
Train depuis Zurich-gare centrale, via Ziegelbrücke; puis funiculaire Linthal-Braunwald (indicateur CFF pos. 720, 736 et 2840).
■ **Trajet en voiture**
De Zurich via Ziegelbrücke jusqu'au funiculaire Linthal-Braunwald. En été, passer par le col de Klausen depuis la Suisse centrale. Braunwald est interdit à la circulation et ne peut être atteint qu'en funiculaire.
■ **Âge idéal**
Enfants dès l'âge de 5 ans qui marchent volontiers.
■ **Durée**
Le chemin des nains dure plus de trois heures – il est également possible de n'en effectuer qu'une partie entre les stations de la télécabine (une heure et quart).
■ **Dénivelé**
53 m en montée, 645 m, resp. 340 m en descente.
■ **Boire et manger**
Restaurants de Gumen, Grotzenbüel, Ortstockhaus, places de pique-nique.
■ **Renseignements et prospectus**
*Braunwald Tourisme,
8784 Braunwald, Tél. 055 653 65 85
www.braunwald.ch*

Zwäärg Baartli / Braunwald

INFO

■ **Hin und zurück mit öV**
Im Stundentakt mit der Bahn ab Zürich Hauptbahnhof via Ziegelbrücke und Linthal-Braunwaldbahnen. (Kursbuchfelder 720, 736 und 2840).
■ **Anreise mit dem Auto**
Von Zürich via Ziegelbrücke und Glarus bis Linthal-Braunwaldbahnen, im Sommer von der Zentralschweiz über den Klausenpass. Braunwald ist autofrei und kann nur mit der Standseilbahn erreicht werden.
■ **Idealalter**
Kinder ab ca. 5 Jahren, die auch länger wandern können.
■ **Zeitaufwand**
Der ganze Zwergenweg dauert über drei Stunden – es kann auch nur ein Teilstück (eineinviertel Stunden) von Bergstation zu Bergstation gewandert werden.
■ **Höhenmeter**
53 m bergauf, 645 m bzw. 340 m (nur Teilstück) bergab.
■ **Verpflegung**
Bergrestaurants Gumen, Grotzenbüel, Ortstockhaus, Feuerstellen.
■ **Auskünfte und Prospekte**
Braunwald Tourismus
8784 Braunwald, Tel. 055 653 65 85
www.braunwald.ch

bahn-Talstation in Angriff. Was die Mutti freut: Spezielle Zwäärg-Baartli-Bergbahnbillette sind bei den Braunwaldbahnen und ein Zwäärg-Baartli-Faltprospekt, speziell für Kinder, ist bei Braunwald Tourismus erhältlich.

Sonntagskleider sind verpönt

■ Sanft schaukeln die Sessel über die Tannenwipfel, und Julian hält Ausschau nach den fünf Original-schauplätzen, die er bereits aus dem

Le nain Baartli / Braunwald

Oben: Im Waldhüttli von Baartli.
Unten: Kids vor Tiidis Hüüsli.

Haut: la cabane du nain Baartli.
Bas: la maison de Tiidi.

Kinderbuch «Zwäärg Baartli» kennt. Für alle, die das Buch noch nicht gesehen haben: Es ist in Glarnerdeutsch, Schriftdeutsch und Englisch in jeder Buchhandlung sowie vor Ort bei den Bahnen, im Tourismusbüro und vielen Läden Braunwalds erhältlich. Zusätzlich gibts eine Kassette und eine CD.

dre le départ. Vingt minutes de marche sont nécessaires pour rejoindre le château des nains, la première sensation de la journée. Michel, 13 ans, a remarqué qu'un parcours de grimpe partant de la station du télésiège mène à un pont suspendu. Son papa lui promet de revenir bientôt pour vivre cette aventure.

Traumhaft schöne Natur: Blick auf den Ortstock bei Braunwald.

Nature merveilleuse: vue sur la montagne «Ortstock».

Auf 1901 Metern auf dem Gumen angekommen, geniessen Vati und Mutli erst einmal die tolle Aussicht über die Glarner Alpen. Julian drängt zum Aufbruch, denn bis zum Zwergenschloss, dem ersten Höhepunkt der Wanderung, sinds nur 20 Minuten. Damit sich auch gar keine Familie verläuft, sind überall braune Wegweiser mit dem Signet des lustigen Zwerges aufgehängt.

■ Mikel ist schon 13 Jahre alt und interessiert sich eigentlich nicht mehr so richtig für Zwerge. Trotzdem ist er gerne mitgekommen, denn wenigstens ist unterwegs etwas los. Aber er hat auch gesehen, dass es von der Bergstation aus einen Klettersteig mit atemberaubender Hängebrücke gibt. Sein Vater verspricht ihm, dieses Abenteuer bei nächster Gelegenheit nachzuholen.

■ Jetzt aber gehts vom Zwergenschloss erst einmal zur Edelstein-

■ Près du poste «Rindenhüttli», une place de pique-nique bien aménagée les convie à la grillade.

La maison de Tiidi

■ Après le repas, il est temps de prendre une décision: marcher un quart d'heure jusqu'à la station de la télécabine de Grotzenbüel et ainsi rejoindre Braunwald confortablement ou s'engager sur une descente de deux heures menant au village. Julien plaide pour la marche, car il sait qu'il y aura encore bien des attractions sur leur parcours. Michel se joint à lui. Les parents sont aux anges, heureux de pouvoir profiter du paysage. Il serait également possible de louer une trottinette à la station de la télécabine pour effectuer la descente, mais papa Mauerhofer réserve cette aventure pour leur prochaine visite à Braunwald.

Le nain Baartli / Braunwald

spalte und weiter zur Zwergenhöhle. Mütter, aufgepasst: Sonntagskleider haben hier keine Chance. Schmutzige Hosen sind im Abenteuer inklusive! Beim Rindenhüttli lädt eine gut eingerichtete Feuerstelle zum «Bräteln» ein. Oder wäre es doch besser, sich auf der Sonnenterrasse des Bergrestaurants Grotzenbüel bedienen zu lassen? Die Kids stimmen für die Würste am Feuer – Holz und Grillvorrichtung sind bereits vorhanden.

Tiidis Hüüsli

Nun gilt es eine Entscheidung zu treffen: Wollen wir nach eineinviertel Stunden Wanderzeit mit der Gondelbahn Grotzenbüel nach Braunwald hinunterfahren – oder noch einmal knapp zwei Stunden bis ins Dorf absteigen? Julian ist dafür zu wandern, denn schliesslich gibts unterwegs noch eine Attraktion: Tiidis Hüüsli, einen weiteren Schauplatz aus dem Buch. Auch Mikel hat ausnahmsweise mal nichts dagegen, noch etwas zu wandern, denn sein Papa ist heute besonders gut drauf. Die Eltern freuts, denn so können sie noch etwas die schöne Landschaft geniessen, bevor es wieder zurück in die Stadt geht. Alle, die schon müde sind vom Wandern, können auf Grotzenbüel auch ein Trotti mieten und damit ins Dorf brausen. Aber schliesslich wollen die Mauerhofers ja wiederkommen und die weiteren schönen Erlebnisse in Braunwald für später aufsparen.

Müde, aber glücklich erreichen die vier die Station der Standseilbahn.

Am Tisch in der Zwergenhöhle.
La table de la grotte des nains.

Globiweg / Lenzerheide

Auf der Jagd nach dem blaugelben Schnabelmenschen

A la poursuite du bonhomme au bec bleu et jaune

Julian ist ausser Rand und Band, heute wird er in Lenzerheide vielleicht Globi begegnen. Zuhause in seinem Regal stapeln sich viele Bücher des beliebten blaugelben Schnabelmenschen, der schon seinen Grosspapa als Kind begeistert hat.

In der schönsten Ferienecke

Auch Julians 13-jähriger Bruder Mikel ist neugierig, obwohl er zu-

Julien est fou de joie. Il aura peut-être la chance de rencontrer aujourd'hui «le vrai» Globi à Lenzerheide. Dans son étagère à la maison, il y a déjà quelques livres du bonhomme au bec bleu et jaune, tant apprécié des enfants et que son grand-papa, d'origine suisse-allemande, connaissait déjà lorsqu'il était jeune.

Michel, âgé de 13 ans et frère de Julien, est lui aussi curieux, bien qu'il

Wer kann durch einen Grashalm pfeifen? Globi machts vor.

Qui sait siffler à l'aide d'un brin d'herbe, comme Globi?

Le Chemin de Globi/Lenzerheide

INFO

Hin und zurück mit öV
Vom Bahnhof Chur aus fährt das Postauto direkt bis Lenzerheide. Bei der Haltestelle Talstation Rothorn verlassen wir das Postauto (Kursbuchfelder 900.85, 2930).
Anreise mit dem Auto
Von der Autobahnausfahrt Chur Süd folgen wir der Umfahrungsstrasse und dem Wegweiser nach Lenzerheide. Zwischen den Dörfern Valbella und Lenzerheide befindet sich auf der linken Seite die Rothornbahn.
Idealalter
Ab ca. 5 Jahren, auch mit «Buggy» (geländegängiger Kinderwagen).
Zeitaufwand
Zwischen eineinhalb und zweieinhalb Stunden Wanderzeit, je nach Route, die ausgesucht wird. Inklusive Spielen drei bis vier Stunden!
Höhenmeter
369 bzw. 431 m bergab.
Verpflegung
Globi-Menüs in den Restaurants/ Hotels Crest'Ota, Scharmoin, Valbella Inn und SchweizerHof sowie drei Grillstellen am Wanderweg.
Auskünfte und Prospekte
Tourismusverein, 7078 Lenzerheide Tel. 081 385 11 20 www.lenzerheide.ch

nächst etwas die Mundwinkel verzogen hat, als seine Eltern den Ausflug nach Lenzerheide vorgeschlagen haben. Dort soll es einen Globiweg geben, auf dem man – ausser am Montag und Dienstag – während der Hochsaison oft dem echten Globi begegnet.

Also fährt Familie Mauerhofer vom Unterland in die schönste Ferienecke der Schweiz, wie der Kanton Graubünden von den Tourismuswerbern gerne bezeichnet wird. Lenzerheide ist rasch von Chur aus erreicht – und

ait fait la moue quand ses parents ont proposé de faire cette excursion à Lenzerheide. Il y a là-bas un «chemin de Globi» où l'on rencontre,

Gemütlich von Posten zu Posten. Tranquillement, de poste en poste.

paraît-il, souvent le vrai Globi en haute saison (sauf les lundis et mardis).

La télécabine du Rothorn

■ La famille Mauerhofer se rend donc dans un des plus beaux paradis de vacances de Suisse, comme les publicités touristiques aiment à le dire en parlant du canton des Grisons. Lenzerheide est facilement atteignable depuis Coire. Rapidement, la famille Mauerhofer se rend compte que les publicitaires n'ont, cette fois-ci, rien exagéré. Le superbe panorama montagneux autour du merveilleux lac de Heid (Heidsee), crée une véritable atmosphère de vacances dans leur voiture. Arrivé à la station inférieure de la télécabine du Rothorn, Julien se presse pour être le premier à atteindre la caisse. Une

Globiweg / Lenzerheide

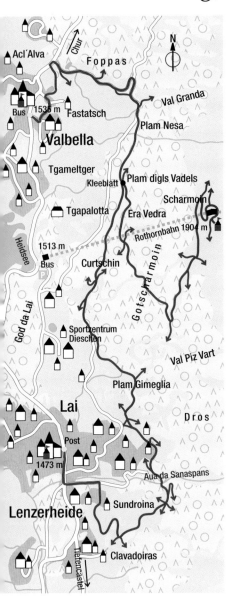

agréable surprise attend Madame Mauerhofer: les enfants voyagent gratuitement, même sans carte «famille». Julien et Michel ne se préoccupent guère de ces questions. Ils sont déjà confortablement installés dans leur cabine et survolent la forêt de sapin silencieuse. De leurs yeux attentifs, ils scrutent les alentours, mais, il n'y a pour l'instant aucune trace de Globi.

De poste en poste

■ Arrivé en haut, Julien ne peut attendre ses parents et s'empresse de rejoindre la place de jeux près du restaurant de montagne «Scharmoin». Ce n'est que lorsque Michel lui rappelle la raison de leur venue – le chemin de Globi – que Julien peut enfin se séparer des nombreux jeux et des animaux du petit zoo à caresses.

■ Les parents sont eux aussi arrivés à destination et, d'un bon pas, ils se mettent tous en route vers l'aventure. Après environ 200 mètres, Michel découvre déjà le premier poste. Sur un panneau, Globi explique comment la vallée de la région de vacances Lenzerheide-Valbella s'est formée et pourquoi les montagnes «Rothorn», «Schwarzhorn» et «Weisshorn» possèdent des roches de couleurs différentes. Globi lance également un défi aux enfants, qui amusera sans doute aussi les parents. Enfin une excursion dominicale sans ronchonneries ni râleries. Que la vie de famille peut être belle! Ils se baladent en suivant les indicateurs du chemin de Globi.

übertrieben haben die Werber diesmal auch nicht, denn die schöne Berglandschaft mit dem bezaubernden Heidsee sorgt schon für richtige Ferienstimmung im Auto der Mauer-

Le Chemin de Globi/Lenzerheide

hofers. Bei der Talstation der Rothornbahn kann es Julian kaum erwarten, als Erster das Kassenhäuschen der Gondelbahn zu erobern. Freudige Überraschung für Frau Mauerhofer: Die Kinder fahren auch ohne Familienkarte gratis. Julian und Mikel ist das eigentlich egal, denn sie sitzen bereits in der Gondel und schweben über den stillen Tannenwald. Von Globi ist vorerst nichts zu sehen.

Von Posten zu Posten

Oben angekommen, kann Julian nicht auf seine Eltern warten, er läuft gleich runter zum Spielplatz beim Bergrestaurant Scharmoin. Erst

Le prochain poste pose une énigme: quel pelage correspond à quel animal vivant à Lenzerheide? Michel, après avoir attribué à chacun un pelage, contrôle la véracité de son choix.

Globi en vue!

Mais où est Globi? Julien devient impatient et sa maman lui explique que Globi ne se trouve pas toujours ici. Il se cache parfois dans la forêt pour observer les enfants. Globi est également très occupé: il a beaucoup d'amis à visiter, il aime faire un grand nombre d'activités et part souvent à l'aventure. Le prochain poste est tout proche et Julien en

Wie riecht Luft, Baumrinde, Erde? Es darf geschnuppert werden.

Quelle est l'odeur de l'air, de l'écorce d'un arbre, de la terre?

Globiweg / Lenzerheide

als Mikel ihn an den Globiweg und das eigentliche Ziel erinnert, kann er sich von den vielen Spielgeräten und dem Streichelzoo trennen.

■ Nun geht es also los, und nach 200 Metern entdeckt Mikel auch schon den ersten Posten. Auf der Tafel erklärt Globi, wie das Tal der Ferienregion Lenzerheide-Valbella entstanden ist und warum die Berge Rot-, Schwarz- und Weisshorn drei total andersfarbige Gesteine haben. Ausserdem fordert Globi die Kinder zu einem kleinen Spiel auf. Auch die Eltern können dabei noch etwas lernen. Endlich ein Sonntagsausflug ohne Meckern und Maulen! Das Familienleben kann ja so schön sein! Weiter gehts, alles den Globi-Wegweisern hinterher.

■ Welches Tierfell gehört zu welchem Tier, das auf der Lenzerheide wohnt? Nachdem Mikel alle Tierfelle zugeteilt hat und Julian seiner Wahl

oublie de poursuivre ses recherches. La famille Mauerhofer chemine ainsi de poste en poste jusqu'à ce que soudain Julien jubile bruyamment en se mettant à courir. Il a découvert Globi au croisement nommé «Kleeblatt». Il forme un cercle avec de nombreux autres enfants de son âge. Julien participe tout de suite: battre des mains, jouer au mouchoir, former un tunnel et bien d'autres jeux, dont les parents ont gardé quelques souvenirs. Michel observe ce manège coloré à bonne distance, avant qu'il ne découvre la présence d'autres

Heidsee: schönste Schilfufer.
Le lac de Heid et sa belle rive.

INFO

■ **Transports publics**
De la gare de Coire, prendre le car postal direct pour Lenzerheide jusqu'à l'arrêt situé près de la station de la télécabine du Rothorn (indicateurs CFF 900.85 et 2930).
■ **Trajet en voiture**
De la sortie d'autoroute de Coire sud (Chur Süd), suivre la route de contournement et les indications pour Lenzerheide. La télécabine du Rothorn se trouve entre les villages de Valbella et Lenzerhiede, sur le côté gauche.
■ **Âge idéal**
Dès environ cinq ans; possible avec un «Buggy» (poussette tout-terrains).
■ **Durée**
Entre une heure et demie et deux heures et demie de marche suivant l'itinéraire choisi. Y compris les jeux: trois à quatre heures!
■ **Dénivelé**
415 m en descente.
■ **Boire et manger**
Menus «Globi» aux restaurants/ hôtels Crest-Ota, Scharmoin, Valbella Inn et SchweizerHof. Foyers pour la grillade en chemin.
■ **Renseignements et prospectus**
Office du tourisme, 7078 Lenzerheide Tél. 081 385 11 20 www.lenzerheide.ch

Fotos: Ronald Gohl

Le Chemin de Globi / Lenzerheide

zugestimmt hat, schauen sie nach, ob ihre Lösung richtig ist.

Globi in Sicht!

■ Aber wo ist eigentlich Globi? Julian wird ungeduldig, und seine Mutter erklärt ihm, dass Globi nicht immer zu sehen ist. Oft versteckt er sich im Wald und beobachtet die Kinder. Schon naht der nächste Spielposten, und Julian vergisst die Suche nach dem Schnabelmenschen. So gehts weiter, Familie Mauerhofer wandert von Posten zu Posten – bis plötzlich Julian laut jubelt und davonläuft. Bei der Kreuzung «Kleeblatt» hat er Globi entdeckt. Er bildet mit

Bevors auf dem Globiweg losgeht, lockt der Spielplatz Scharmoin.
La place de jeux de Scharmoin juste avant le chemin de Globi.

vielen anderen Kindern in seinem Alter einen Kreis. Julian macht sofort mit: Händeklatschen, Ringelreihe, einen Tunnel bilden und viele andere alte Spiele, an die sich Herr Mauerhofer noch gut erinnern kann. Mikel beobachtet aus sicherer Entfernung das bunte Treiben. Schliesslich hat er noch andere Kids in seinem Alter entdeckt.

■ Endlich kann sich Julian von Globi trennen, und es geht weiter. Noch warten einige Spielposten auf die Mauerhofers. Und plötzlich sehen sie schon das Ende des Weges. «Schon fertig?», fragt Mikel erstaunt und hat überhaupt nicht bemerkt, dass sie fast drei Stunden unterwegs waren. Was für ein toller Sonntag!

enfants de son âge. Les bambins sont heureux: ils jouent, ils rient et profitent de ce moment fantastique en présence de leur idole.

■ Julien arrive enfin à se séparer de Globi pour continuer l'aventure. Quelques postes attendent encore la famille Mauerhofer avant que la fin du chemin ne mette un terme à cette excursion. «Déjà fini?», demande Michel surpris. Il n'a pas remarqué qu'il sont en route depuis déjà presque trois heures. Quelle jolie journée! Comme Lenzerheide est relativement loin de la Suisse romande, il est tentant d'y passer un week-end entier. Il est possible de passer une nuit sur la paille dans une véritable ferme.

Iglu-Dorf / Sedrun

Schlafen wie Pingu
Dormir comme Pingu

Gemütliches Beisammensein für Zeit-Inuits (Eskimos) im Iglu-Dorf.

Agréable moment de communion pour les esquimaux d'un jour.

Graubünden liegt zwar, und das kann jedermann in einem Atlas nachprüfen, ziemlich viele Grade südlich des Polarkreises. Was jedoch keineswegs heissen will, dass es hierzulande keine Eskimo-Dörfer gibt – eines davon liegt bei Tschamut, einem mit reichlich Schnee gesegneten Berg oberhalb von Sedrun.

Le canton des Grisons, comme chacun peut le constater en consultant son atlas, est situé passablement plus au sud que le cercle polaire. Ceci ne veut pourtant pas dire qu'il n'existe pas là de villages d'esquimaux. Tschamut, un alpage enneigé en dessus de Sedrun, en cache un!

Le village «Iglou» / Sedrun

Inuit auf Zeit

■ Alte Kinderträume werden bei den Schlagwörtern Iglu, Schnee und Sterne in Richard Mauerhofer wach. Wer hätte schon gedacht, dass man in der Schweiz in einem echten Iglu übernachten kann und einmal Inuit (Eskimo) auf Zeit spielen kann?

■ Möglich machts das Iglu-Dorf von Roland Hilfiker, das nur wenige Gehminuten vom Alpinen Ferienzentrum Rheinquelle entfernt liegt. Nebst dem Bau des eigenen Iglus für die Nacht steht am nächsten Tag eine Schneeschuhwanderung auf dem Programm. Auf ins Abenteuer, schlägt also Herr Mauerhofer seiner Familie

INFO

■ **Hin und zurück mit öV**
Von Chur mit der Rhätischen Bahn über Disentis und Sedrun nach Tschamut. Die kleine Haltestelle befindet sich oberhalb des Dörfchens (Kursbuchfelder 920 und 143).
■ **Anreise mit dem Auto**
Autobahnausfahrt Reichenau, über Flims, Disentis und Sedrun bis Tschamut, dem letzten Dorf vor dem im Winter geschlossenen Oberalppass.
■ **Idealalter**
Abenteuerkids ab ca. 8 Jahren.
■ **Zeitaufwand**
Zwei Tage mit Übernachtung im Iglu, die Schneeschuhwanderung bis Alp Tschamut dauert rund drei Stunden.
■ **Höhenmeter**
Nach Absprache mit Roland Hilfiker.
■ **Verpflegung**
Fondue, Frühstück und Lunch im Alpinen Ferienzentrum Rheinquelle.
■ **Auskünfte und Prospekte**
*Roland Hilfiker, 7188 Sedrun
Tel. 079 406 77 10
iglutour@bluewin.ch
(keine Website)*

Une nuit d'esquimaux

■ De vieux rêves d'enfants ressurgissent dans la tête de Richard Mauerhofer lorsqu'il entend les mots iglou, neige et ciel étoilé. Qui aurait sup-

Gemütlich trotz Vollmondnacht.
Ambiance feutrée de pleine lune.

posé qu'il soit possible, en Suisse, de passer la nuit dans un vrai iglou et de jouer aux esquimaux?

■ Le village-iglou de Roland Hilfiker, situé à juste quelques minutes de marche du centre de vacances alpin «Rheinquelle», rend la chose possible. Après une nuit dans l'iglou construit de nos propres mains, nous aurons droit à une randonnée inoubliable en raquettes à neige.

■ Froid? Julien, âgé de huit ans, découvre vite qu'il ne fait pas si froid dans un iglou. En effet, sa tempéra-

Iglu-Dorf / Sedrun

vor – bestimmt werden seine Söhne Julian und Mikel noch lange von der kalten Nacht unter dem Eis erzählen! ■ Kalt? Der achtjährige Julian findet schnell heraus, dass es gar nicht so kalt im Iglu ist. Seine eigene Körpertemperatur wärmt die Behausung locker auf 5° C auf. Wenn drinnen gekocht wird, so steigt das Quecksilber gar auf warme 15° C. Mikel und Julian machen nach Sonnenuntergang noch eine Runde ums Inuit-Dorf, während ihre Eltern schon am Holzfeuer sitzen. Dort können sie sich zum Glück vom bitterkalten Streifzug unter sternenklarem Himmel aufwärmen und den abenteuerlichen Geschichten ihres Papas lauschen. Zum Znacht gabs ein Fondue im nahen Hotel, wie es sich in einer solchen Umgebung als richtige Schweizer Familie gehört. Auf rohen Fisch, das Lieblingsessen der Inuits, hat hier jeder dankend verzichtet.

■ Nach der Pingu-Nacht im selbst gebauten Iglu nehmen Julian und Mikel dankbar den heissen Kakao im benachbarten Hotel an und warten auf die ersten Sonnenstrahlen, die

Bau eines Iglus von Teilnehmern.
Construction d'un iglou.

INFO

■ **Transports publics**
De Coire, les trains de la comp. «Rhätischen Bahn» conduisent à Disentis et Sedrun, puis à Tschamut. L'arrêt se situe en dessus du petit village (indicateur CFF pos. 920 et 143).
■ **Trajet en voiture**
Sortie d'autoroute Reichenau. Passer par Flims, Disentis et Sedrun pour rejoindre Tschamut, le dernier village avant le col de l'Oberalp, fermé en hiver.
■ **Âge idéal**
Jeunes aventuriers dès 8 ans.
■ **Durée**
Deux jours, y compris la nuitée en igloo. La randonnée en raquettes à neige jusqu'à l'Alpe Tschamut dure environ trois heures.
■ **Dénivelé**
Selon le choix fait avec Roland Hilfiker.
■ **Boire et manger**
Fondue, petit-déjeuner et lunch au centre de vacances «Rheinquelle».
■ **Renseignements et prospectus**
*Roland Hilfiker, 7188 Sedrun
Tél. 079 406 77 10
iglutour@bluewin.ch*

ture corporelle chauffe facilement ce logis à 5° C. Si l'on cuisine à l'intérieur, il peut même y faire jusqu'à 15° C. Le souper des Mauerhofer se constitue d'une délicieuse fondue prise à l'hôtel voisin. Michel et Julien font encore un tour du village après le coucher du soleil avant de rejoindre leurs parents près du feu. Par chance, ils peuvent se réchauffer là sous le ciel étoilé, tout en écoutant les histoires d'aventures de leur père. Après avoir passé une nuit dans l'iglou qu'ils ont construit eux-mêmes, Julien et Michel prennent avec délectation un chocolat chaud à

Fotos: zvg

Le village «Iglou» / Sedrun

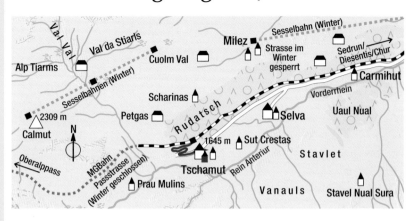

über die in hellblaues Licht getauchten Gipfel ziehen.

■ Schon bald ist ihr Körper warm, und da kanns auch schon losgehen. Die von Roland Hilfiker zur Verfügung gestellten Schneeschuhe werden angeschnallt und die «Barribox» (ein Lawinenverschüttetensuchgerät) muss ebenfalls mit. Danach ziehen sie rund drei Stunden in der Gegend von Alp Tschamut ihre eigene Spur. Nach der Rückkehr und einem Lunch bleibt nur noch der Weg nach Hause.

Roland Hilfikers Eskimo-Romantik in der oberen Surselva.

l'hôtel en attendant les premiers rayons du soleil.

■ Leurs corps sont bientôt réchauffés et ils sont alors prêts au départ. Ils chaussent les raquettes à neige mises à disposition par Roland Hilfiker et emportent un «Barribox» (un appareil de localisation en cas d'avalanche). Après trois heures de découverte dans les environs de Tschamut et un brunch, la famille Mauerhofer reprend le chemin de la maison.

L'ambiance romanesque du village d'esquimaux de Roland Hilfiker.

Palü–Cavaglia / Poschiavo

Lebendiges Wasser
De l'eau vivante

Der Ausflug beginnt mit einer
Fahrt im schönsten Zug der Welt.

L'excursion débute par une course
avec un train spectaculaire.

■ Kennen Sie das Verfahren, wie aus Kuhmist Strom gewonnen wird? Was unterscheidet grüne Energie von Graustrom? Wie haben die Gletscher die Kochtöpfe der Riesen geschaffen? Antworten auf diese und viele andere Fragen finden Sie entlang dem ersten Ökostrompfad der Schweiz – auf dem Berninapass zwischen Engadin und Puschlav gelegen, wo sich auch die höchste ohne Zahnrad bediente Bahnstation Europas befindet. Der kleine Bahnhof Ospizio Bernina auf 2253 m ü. M., an einem traumhaft schönen See gelegen, wird

■ Savez-vous comment produire du courant électrique à partir de fumier de vache? Et quelle est la différence entre de l'énergie verte et du courant gris? Les réponses à ces questions et à bien d'autres points d'interrogation se trouvent le long du premier sentier-éco de Suisse – situé sur le col de la Bernina entre Engadine et Puschlav – où se trouve également le train sans crémaillère le plus haut d'Europe. La petite gare de Ospizio Bernina est atteignable grâce aux trains de la compagnie Rhätischen Bahn (RhB).

Palü–Cavaglia / Poschiavo

mit den roten Schmalspurzügen der Rhätischen Bahn (RhB) erreicht.

Ökostrom von Rätia Energie

■ Das Bündner Elektrizitätsunternehmen Rätia Energie verwertet das Wasser des milchig-weissen Stausees Lago Bianco im Kraftwerk Palü, welches einen Einblick in die faszinierende Welt der Ökostromproduktion gewährt.

INFO

Hin und zurück mit öV
Die einzigartige Bahnfahrt mit der RhB von Chur ins Engadin ist ein Erlebnis für sich. Via Samedan erreichen wir Pontresina, dort wird auf die Berninalinie umgestiegen, Ziel ist Ospizio Bernina (Kursbuchfelder 940, 960 und 950).
Anreise mit dem Auto
Ebenso spektakulär ist die Fahrt mit dem Auto via Chur, Thusis und Julierpass nach Silvaplana im Engadin. Von dort aus fahren wir über St. Moritz und Pontresina auf den Berninapass (grosser Parkplatz).
Idealalter
Kinder ab ca. 8 Jahren, die sich gerne lange in der Natur bewegen und keine Angst vor der Dunkelheit haben.
Zeitaufwand
Rund zweieinhalb Stunden Wanderzeit, inklusive Picknick und Stollenbahn sollte man vier Stunden einrechnen.
Höhenmeter
*Bis Cavaglia: 530 m bergab.
Bis Palü: 300 m bergab.*
Verpflegung
Auf der Alp Grüm gibts zwei Restaurants und mehrere schöne Picknickplätze.
Auskünfte und Prospekte
*Rätia Energie, 7742 Poschiavo
Tel. 081 839 71 11
www.REpower.ch*

■ L'entreprise électrique grisonne Rätia Energie exploite les eaux du lac «Lago Bianco», nom qui lui a été donné à cause de sa couleur laiteuse, à la centrale hydraulique de Palü. Celle-ci nous donne un aperçu de l'univers fascinant de la production d'énergie écologique.

■ Nous débutons notre excursion par une impressionnante randonnée à travers une des plus belles régions montagnardes de Suisse. Le chemin pédestre longe le lac, nous faisant découvrir les douze postes d'information du sentier-éco qui feront le jour sur nombre de questions techniques, historiques, géologiques, ainsi

Infotafeln der Rätia Energie.
Panneau d'information.

que sur la nature des installations de Rätia Energie. Nous apprenons que notre corps brûle, entre le col de la Bernina et Cavaglia, 295 calories ou 0,34 kilowattheures d'énergie et que quatre pommes ou une branche de chocolat nous permettent de rechar-

Palü–Cavaglia / Poschiavo

Der idyllisch gelegene Stausee wird für die Stromproduktion genutzt.

Le lac de retenue turquoise est utilisé pour la production d'énergie.

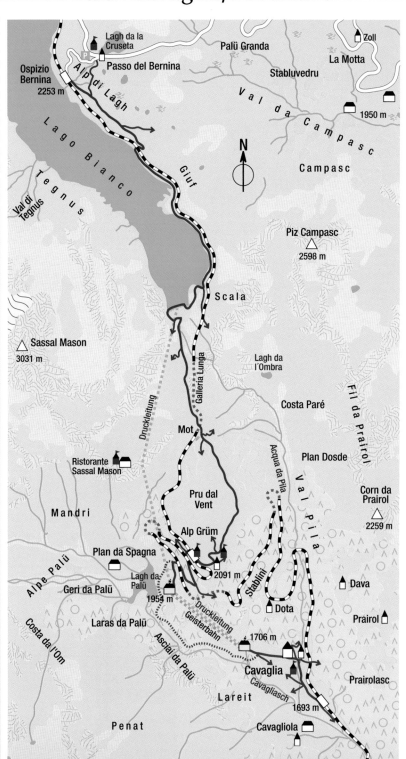

Lagh da la Cruseta

Zoll

Palü Granda

La Motta

Passo del Bernina

Stabluvedru

Ospizio Bernina
2253 m

Alp di Lagh

1950 m

Val da Campasc

Lago Bianco

Giuf

Campasc

Tegnus

Val di Tegnus

N

Piz Campasc
2598 m

Scala

Sassal Mason
3031 m

Lagh da l'Ombra

Galleria Lunga

Costa Paré

Fil da Prairol

Druckleitung

Mot

Plan Dosde

Acqua da Pila

Ristorante Sassal Mason

Pru dal Vent

Val Pila

Corn da Prairol
2259 m

Mandri

Alp Grüm

Plan da Spagna

2091 m

Stablini

Dava

Alpe Palü

Geri da Palü

Lagh da Palü
1954 m

Druckleitung Geisterbahn

Dota

Prairol

Laras da Palü

1706 m

Costa da l'Om

Asciai da Palü

Cavaglia

Prairolasc

Lareit

Cavagliasch

1693 m

Penat

Cavagliola

Palü–Cavaglia / Poschiavo

Wasseraustritt in Cavaglia.
Sortie d'eau à Cavaglia.

■ Wir beginnen unseren Ausflug mit einer eindrucksvollen Wanderung durch eine der schönsten Gebirgslandschaften der Schweiz. Ospizio Bernina, das Dach Graubündens, erreichen wir mit der «kleinen Roten», wie die Rhätische Bahn von Eisenbahnfreunden oft liebevoll genannt wird. Ein einzigartiges Bahnerlebnis bringt uns von Chur über Samedan und Pontresina in die baumlose Hochgebirgslandschaft des Berninapasses. Den erforderlichen Strom liefert Rätia Energie aus ihren Wasserkraftwerken. Der Wanderweg führt dem See entlang, vorbei an zwölf Informationstafeln des Öko-strompfades, die Aufschluss über viele Fragen zu Technik, Geschichte, Geologie und Natur der Anlagen geben. Der Weg verläuft über weite Strecken parallel zum Bahngleis, wo sich mit den roten Zügen, dem See und den vergletscherten Bergen traumhaft schöne Fotomotive anbieten. Wir erfahren, dass unser Körper zwischen dem Berninapass und Cavaglia 295 Kilokalorien oder 0,34

INFO

■ **Transports publics**
Le trajet avec le train de la compagnie RhB de Coire jusqu'en Engadine est une belle expérience. Nous atteignons Pontresina via Samedan. Là, nous prenons la ligne du Bernina jusqu'à la station Ospizio Bernina (indicateur CFF pos. 940, 960 et 950).
■ **Trajet en voiture**
Le trajet en voiture est tout aussi spectaculaire. Nous passons par Coire, Thusis et le col du Julier jusqu'à Silvaplana. De là, nous passons par St-Moritz et Pontresina jusqu'au col de la Bernina (places de parc).
■ **Âge idéal**
Enfants dès 8 ans qui aiment se trouver dans la nature, qui marchent volontiers et qui n'ont pas peur du noir.
■ **Durée**
Environ deux heures et demie de marche, en comptant le repas et la visite, il faut prévoir quatre heures.
■ **Dénivelé**
*Jusqu'à Cavaglia: 530 m de descente.
Jusqu'à Palü: 300 m de descente.*
■ **Boire et manger**
Deux restaurants à Alp Grüm et places de pique-nique en chemin.
■ **Renseignements et prospectus**
*Rätia Energie, 7742 Poschiavo
Tél. 081 839 71 11
www.REpower.ch*

ger nos «batteries». Notre randonnée aboutit à Alp Grüm.

L'embarras du choix

■ Après un repas de midi dans un des deux restaurants ou un bon pique-nique pris dans un coin tranquille et ensoleillé, nous nous dirigeons vers la gare où trois possibilités s'offrent à nous: le retour direct en train, la descente sur Cavaglia ou

Palü–Cavaglia / Poschiavo

Kilowattstunden Energie verbrennt. Mit vier Äpfeln oder einem Schokoriegel haben wir unsere Batterien wieder aufgeladen. Unser erstes Wanderetappenziel ist die autofreie Alp Grüm.

Die Qual der Wahl

■ Nach dem Zmittag in einem der beiden Restaurants oder bei einem gemütlichen und sonnigen Picknick haben wir die Wahl, schon jetzt mit dem Zug zurückzufahren, weiter bis Cavaglia zu reisen oder uns einer geführten Tour durch die Kraftwerke Palü und Cavaglia anzuschliessen.

■ Weil die Führungen nur jeweils an einem Dienstag und Donnerstag von Juni bis Oktober stattfinden und die Führungen meist lange im Voraus

nous joindre à une visite guidée des centrales hydrauliques de Palü et Cavaglia.

■ Comme les visites de ces installations n'ont lieu que les mardis et jeudis de juin à octobre et qu'elles sont souvent complètes longtemps à l'avance, une réservation préalable est indispensable. En plus d'une heure et demie de randonnée, il faut compter environ deux heures pour faire le tour des sites. Le point de départ et lieu de rendez-vous est le panneau d'information numéro cinq du sentier-éco.

Merveilleux lac de Palü

■ Le guide nous emmène tout d'abord à pied à travers une forêt de mélèzes, jusqu'au merveilleux lac de

Der Weg führt direkt über die Staumauer – ein Spass für Kinder.

Le chemin conduit directement sur le barrage – quelle aventure!

Palü–Cavaglia / Poschiavo

ausgebucht sind, ist eine Reservation erforderlich. Nach der rund eineinhalbstündigen Wanderung dauert die Kraftwerkstour nochmals rund zwei Stunden – unser Treffpunkt ist die Infotafel Nr. 5 beim Bahnhof. Höhepunkt dieser Variante ist der Abstieg in den Bauch des Berges. Ein senkrechter Schacht mit Metalltreppe führt in die Eingeweide des Kraftwerks. Von dort aus fährt eine spektakuläre Stollenbahn unterirdisch nach Cavaglia; teilweise so steil hinab, dass man sich am Sitz festhalten muss – ein megastarkes Erlebnis für alle Kids, die sich im Dunklen nicht fürchten. Davon werden sie noch lange erzählen!

Schlucht statt Stollen

■ Kraftwerkstour oder nicht – wir steigen in jedem Fall durch den Lärchenwald zum malerischen Palüsee ab und überqueren dabei gleich

Ein weiteres Highlight: Rückfahrt im offenen Güterwagen der RhB.

Palü. Nous emprunterons également cette voie si nous choisissons de poursuivre notre marche en direction de Cavaglia.

■ La descente dans les profondeurs de la terre est le point fort de la visite. Un puits vertical équipé d'un escalier métallique mène dans les entrailles de la centrale hydraulique. De là, un train à galerie ressemblant à un train fantôme conduit à l'aménagement de Cavaglia; le tracé est par endroits si raide, que nous devons nous cramponner à notre siège. Quelle expérience pour les jeunes aventuriers! Si nous ne participons pas à la visite des centrales, nous suivons les indicateurs pédestres menant à la rive du lac (Lagh da Palü). Le chemin poursuit sa descente dans les gorges «Asciai da Palü», pour finalement atteindre Cavaglia. Nous terminons notre excursion par une course mémorable en train dans le wagon à ciel ouvert.

Une autre sensation: le retour en wagon marchandises des RhB.

Fotos: Ronald Gohl

Palü–Cavaglia / Poschiavo

Optional: mit der «Geisterbahn» in die Unterwelt des Kraftwerks.
Option: le «train-fantôme» dans les entrailles de la terre.

zweimal das Bahntrassee der Rhätischen Bahn. Es handelt sich um die steilste und höchstgelegene ohne Zahnrad betriebene Strecke Europas. Wenn wir uns nicht der Tour angeschlossen haben, so folgen wir dem Wegweiser und gelangen ans Ufer des Lagh da Palü – besonders schön im Frühsommer, wenn die Alpenrosen blühen. Weiter gehts durch die Asciai da Palü, eine Schlucht, bis Cavaglia hinunter. Wir gelangen direkt zum Kraftwerksgebäude der Rätia Energie, wo der Bach nach der Stromerzeugung das Gebäude verlässt – eine saubere Sache. Wir beenden den spannenden Ausflug mit einer Fahrt im offenen Aussichtsgüterwagen der Rhätischen Bahn (RhB).

PurePower Graubünden

Der saubere Strom PurePower Graubünden stammt aus ökologisch optimierter Wasserkraft und zu mindestens 2,5 Prozent aus neuen, erneuerbaren Energiequellen wie Sonne, Wind und Biogas. Als eines der ersten Schweizer Stromprodukte hat die grüne Elektrizität der Rätia Energie das Gütesiegel «naturemade star» erhalten, welches sehr hohe Anforderungen an die Produktion stellt. Den Aufpreis für PurePower Graubünden – 5 Rappen pro Kilowattstunde – investiert Rätia Energie einerseits in den Bau neuer, umweltgerechter Anlagen, andererseits in ökologische Verbesserungsmassnahmen, beispielsweise in die Revitalisierung ursprünglicher Auenlandschaften. PurePower Graubünden ist in der ganzen Schweiz erhältlich. Informationen unter www.REpower.ch/ppgraubuenden

PurePower Graubünden

Le courant «propre» PurePower Graubünden provient de la force hydraulique optimisée et il est composé d'au moins 2,5 pour cent de sources d'énergie renouvelables tels que le soleil, le vent et le biogas. Rätia Energie fut un des premiers producteurs d'énergie suisse à recevoir le label «naturemade star», qui a des exigences élevées en matière de production. Le supplément de prix pour PurePower Graubünden – 5 centimes par kilowattheure – est investi par Rätia Energie, d'une part pour la construction de nouvelles installations écologiques et d'autre part dans les mesures d'amélioration écologique, comme la revitalisation des espaces de prairies initiaux. PurePower Graubünden est disponible dans toute la Suisse, renseignements sous www.REpower.ch/ppgraubuenden

Maloja / Engadin

Sich einmal im Leben wie Indiana Jones fühlen

Dans la peau d'Indiana Jones avec une bonne portion de courage

■ Abgründe, Schluchten, himmelhohe Felswände: Wir kämpfen uns über Strickleitern, hangeln an einem Seil, überwinden unsere Angst und kommen mit dem Leben davon ...
Ganz so spektakulär präsentiert sich der «Percorso Avventura» (zu Deutsch «Abenteuer- und Erlebnisparcours») in Maloja nicht, auch wenn sich unsere Kids dabei schon wie Indiana Jones fühlen. Um sein Leben muss

■ Le «Percorso Avventura» (Parcours aventurier) de Maloja permet à nos enfants de se retrouver dans la peau d'Indiana Jones dans un décor fabuleux fait de falaises et de profonds abîmes.

Pas sans mousquetons

■ L'aventure commence à Maloja, sur le parking qui se trouve juste à

Der Abenteuerparcours beginnt mit einer schwankenden Hängebrücke.

Le parcours aventurier commence par un pont suspendu.

Maloja / Engadine

jedenfalls niemand bangen, und die höllischen Schluchten sind höchstens drei Meter tief.

Nur mit Karabinerhaken

Das Abenteuer beginnt in Maloja beim gebührenpflichtigen Parkplatz direkt neben dem Kur- und Verkehrsverein. Dorthin führt unser erster Gang, denn wir benötigen einen Sicherheitsgurt mit Karabinerhaken. Den gibts kostenlos am Schalter (Depotgebühr von CHF 15.–). Diese einfache Ausrüstung trägt man während des ganzen Parcours auf sich. Der Karabinerhaken lässt sich bei jedem Posten am Sicherungsseil einklicken. Und schon kanns losgehen. Wir folgen zunächst der Malojapassstrasse bis zur ersten Spitzkehre. Dort entdecken wir einen schmalen Pfad, der uns über einen Hügel zu den Häusern von Orden bringt. Der eigentliche Abenteuerparcours beginnt erst hinter der Staumauer, welche jetzt ins Blickfeld rückt. Der fehlende Stausee ist übrigens nicht auf einen besonders trockenen Sommer zurückzuführen. Die Mauer dient als Hochwasserschutz, um Verwüstungen im Bergell zu vermeiden.

Das Abenteuer kann beginnen

Auf der anderen Seite der Staumauer entdecken unsere Kids den ersten Posten – eine bewegliche, hölzerne Hängebrücke. Sie ist rasch überquert, und auf der anderen Seite gilt es den richtigen Schleichpfad durch den Wald zu finden. Achtung:

Balanceakt über der Schlucht.
En équilibre au-dessus des gorges.

côté de l'Association touristique. C'est ici que nous prenons notre

INFO

Transports publics
La course de Coire jusqu'en Engadine avec les trains de la compagnie RhB est une aventure en soi. De la gare de St-Moritz circule, en haute saison, toutes les 60 minutes un bus pour Maloja (indicateur CFF pos. 900, 940 et 940.80).
Trajet en voiture
Le trajet en voiture via Coire, Thusis, le col du Julier pour atteindre Silvaplana est tout aussi spectaculaire. De là, la route pour Maloja n'est plus longue.
Âge idéal
Jeunes courageux dès 11 ans.
Durée
Randonnée d'environ 1 h 50 min. En ajoutant les jeux et le pique-nique, il faut bien compter quatre heures.
Dénivelé
121 m montée/descente.
Boire et manger
A emporter avec soi.
Renseignements et prospectus
Office du tourisme, 7516 Maloja Tél. 081 824 31 88 www.maloja.ch

Oben: Schritt für Schritt übers Seil. Haut: pas à pas sur le câble d'acier.
Rechts: horizontale Strickleiter. Droite: échelle de corde horizontale.

ercorso Avventura

b Frühjahr 2004 bekommen alle
ids nebst Sicherheitsgurt noch eine
hechliste mit allen Posten und
eldern, die nach Bezwingung durch
ie Eltern oder Begleitpersonen
bgehakt und unterzeichnet werden.
ie Kids können die Checkliste im
ur- und Verkehrsverein Maloja ab-
eben und erhalten eine Auszeich-
ung in Form einer Urkunde.
er Percorso Avventura ist zwar
ostenlos, allerdings danken die
etreiber für Spenden. Zu diesem
weck liegt beim Tourismusbüro ein
Kässeli» auf.

Maloja / Engadin

Nicht den normalen Wanderweg zum Bitabeergsee benützen. Der zweite Abenteuerposten ist dagegen schon etwas kniffliger: Es muss ein Stahlseil überquert werden, welches zwischen zwei Bäume gespannt wurde. Hier ist der Sicherheitsgurt ein Muss. Wer keine Lust auf diesen Balanceakt hat, überquert den Graben sicher auf dem Wanderpfad. Das Gleiche gilt für den dritten Posten, dort traversieren wir meterhoch über dem Boden einen gefallenen Baum. Richtig spannend wirds aber wenig später, nachdem wir zwischen Felsblöcken, Wurzeln und Baumstämmen den Bergsturz zu Füssen des Bitabergsees hochgekraxelt sind (natürlich auf dem ausgeschilderten Weg). Jetzt muss eine horizontale, schwingende Strickleiter überquert werden. Dies ist schwieriger, als es aussieht, und auch eine Portion Mut ist gefragt. Endlich darf

Abenteuer bestanden? Dann winkt das Picknick am Bitabergsee.

Au sortir de l'aventure, un pique-nique au bord du lac vous attend.

Fotos: Ronald Gohl

Maloja / Engadine

man sich wie Indiana Jones fühlen. Nachdem auch dieses Abenteuer überstanden ist, kommen wir zum Bitabergsee. Dort warten gleich mehrere Posten auf grosse und kleine Entdecker, zum Beispiel das grobmaschige Seilnetz, das zwischen zwei Felsblöcke gespannt wurde – oder der mehrere Meter hohe Fels, von dem man sich an einem Seil wie Tarzan in die Tiefe schwingen kann.

■ So viel Abenteuer macht hungrig. Suchen wir uns ein lauschiges Plätzchen am Bitabergsee. Danach wandern wir auf dem gleichen Weg zurück nach Maloja und erleben das Abenteuer im zweiten Durchgang.

INFO

Hin und zurück mit öV
Die Bahnfahrt mit der RhB von Chur ins Engadin ist ein Erlebnis für sich. Vom Bahnhof St. Moritz verkehrt in der Hochsaison alle 60 Minuten ein Bus nach Maloja (Kursbuchfelder 900, 940 und 940.80).
Anreise mit dem Auto
Ebenso spektakulär ist die Fahrt mit dem Auto via Chur, Thusis und Julierpass nach Silvaplana im Engadin. Bis Maloja ist es von dort aus nicht mehr weit.
Idealalter
Mutige Kids ab ca. 11 Jahren.
Zeitaufwand
Rund 1 h 50 min Wanderzeit, inklusive Abenteuerspielen und Picknick sollte man mindestens vier Stunden einrechnen.
Höhenmeter
121 m bergauf und bergab.
Verpflegung
Aus dem Rucksack.
Auskünfte und Prospekte
Verkehrsverein, 7516 Maloja
Tel. 081 824 31 88
www.maloja.ch

équipement: ceinture de sécurité et mousqueton (dépôt de CHF 15.--). Prêts au départ, nous suivons la route du col du Maloja jusqu'au premier lacet. Là, un sentier étroit conduit à Orden. Le parcours aventurier ne débute que derrière le barrage. Ce mur préserve Bergell des ravages que l'eau pourrait causer. Nos jeunes découvrent le premier poste: un pont suspendu en bois, qui est rapidement franchi. Il faut maintenant veiller à prendre le bon sentier.

Une échelle de corde horizontale

■ Attention: ne pas emprunter le chemin de randonnée «normal» menant au lac de Bitaberg (Bitabergsee). Le deuxième poste est un peu plus ardu: passer un câble d'acier fixé à deux arbres. Le troisième poste consiste à traverser un arbre couché au-dessus d'un abîme. Un peu plus tard, après une montée jusqu'au pied du lac de Bitaberg en nous faufilant entre les blocs de roche, les racines et les troncs d'arbre (emprunter le chemin marqué), la chose se fait encore plus intéressante. Nous devons traverser là une échelle de corde horizontale. Ceci s'avère plus difficile qu'on se l'imagine et une bonne portion de courage est nécessaire. Nous atteignons le lac de Bitaberg. Là, plusieurs postes attendent les petits et grands aventuriers. Après un bon pique-nique, nous retournons à Maloja par le même chemin pour revivre une seconde fois l'aventure.

Grosses Bild: Tiefblick vom Malojapass.
Kleines Bild: Silsersee im Nordosten Malojas.
Grande photo: Vue depuis le col de Maloja.
Petite photo: Lac de Sils au nord-est de Maloja.

Albigna / Bergell

Hüttenromantik auf 2333 Metern
Une cabane à 2333 mètres d'alt.

Die Übernachtung in der Hütte wird für Kinder zum Erlebnis.

Dormir dans la cabane est une aventure pour les enfants.

■ Eine richtige Abenteuerhütte erwartet die grossen und kleinen Besucher in einem versteckten Seitental des Bergells. Schon die Anreise ist ein Megaerlebnis, gehts doch mit einer Minikraftwerksbahn über Schwindel erregende Abgründe. Anschliessend wird die Staumauer überquert, und die Wanderung zur Hütte entpuppt sich als kleine Bergtour. Ideal fürs Wochenende: Zum Übernachten bietet sich die auf einem Felssporn hoch über dem Stausee gelegene Albigna-Hütte des Schweizer Alpen-Clubs (SAC) an.

■ Une véritable cabane, sujette à aventures, attend petits et grands dans une vallée latérale de Bergell. Pour y parvenir, un téléphérique s'élève au-dessus d'abîmes vertigineux; après la traversée du barrage, c'est un peu de varappe qui nous attend. Idéal pour les fins de semaines: une nuitée dans la cabane du Club alpin suisse (CAS) d'Albigna.

De l'eau en abondance

■ Bergell possède de l'eau en abondance ainsi qu'un relief fortement

Albigna / Bergell

Wasser im Überfluss

Gefälle und Wasser bietet das Bergell im Überfluss: Auf einer Länge von gerade zwölf Kilometern fällt das Tal um mehr als 1400 Meter ab. Die Abflussmengen der Gletscherbäche gehören zu den grössten in den Alpen. Diese Gegebenheiten der Bergeller Natur bieten günstige Voraussetzungen für die Erzeugung von erneuerbarer elektrischer Energie durch Wasserkraft.

Unser Ausflug in die Welt der wasserreichen Seitentäler beginnt zwischen den beiden Dörfern Casaccia und Vicosoprano bei der kleinen Werksseilbahn von Pranzaira. Auch das Postauto (St. Moritz–Chiavenna) hält hier. Wir steigen in das kleine weisse ewz-Bähnchen (ewz steht für Elektrizitätswerk der Stadt Zürich), in dem nur acht Personen Platz haben, und schweben am hohen Seil über einen Schwindel er-

Mehrere Hohlräume in der Mauer.
Plusieurs cavités dans le mur.

INFO

■ **Transports publics**
Nous nous rendons de Coire jusqu'en Engadine avec le train de la compagnie «Rhätischen Bahn». De la gare de St-Moritz, nous prenons le car postal menant à Chiavenna jusqu'à l'arrêt «Pranzaira» (indicateur CFF pos. 940, 940.81 et 2958).
■ **Trajet en voiture**
En voiture nous passons par Coire, Thusis et le col de Julier pour atteindre Silvaplana. De là, nous poursuivons par le col de Maloja jusqu'à Pranzaira.
■ **Âge idéal**
Enfants au pied sûr, dès env. 9 ans.
■ **Durée**
Environ deux heures pour la randonnée aller-retour. Y compris nuitée: un week-end.
■ **Dénivelé**
233 m en montée et descente.
■ **Boire et manger**
Cabane CAS d'Albigna
■ **Renseignements et prospectus**
ewz Bergeller Kraftwerke,
7603 Vicosoprano
Tél. 081 822 64 14
www.ewz.ch

pentu: la vallée offre un dénivelé de plus de 1400 mètres sur une longueur de juste 12 kilomètres. Le volume d'écoulement des ruisseaux de cette région est le plus important des Alpes. C'est ainsi que la nature fournit à Bergell d'avantageuses prédispositions en matière de production d'énergie électrique renouvelable, grâce à la force hydraulique. Notre excursion débute entre Casaccia et Vicosoprano, plus exactement au départ du téléphérique de la centrale de Pranzaira. Nous grimpons dans la cabine blanche dans laquelle seules huit personnes peuvent pren-

Rechts: Die zweite Wanderung bei
Löbbia am nächsten Tag.
Unten: Tolle Aussicht und viele
Spielmöglichkeiten bei der Hütte.
Droite: la seconde randonnée, le
lendemain, près de Löbbia.
Bas: superbe vue et belles possibi-
lités de jeux près de la cabane.

1458 m

Casaccia

Maira

Engadin

Plan dal Mot

Bleis Granda

N

Orlegna

Sur l'Aua

Bleis di Ciüch

Valair

V a l   B r e g a g l i a

Ausgleichs-
becken

1431 m

Bus

Löbbia

Kraftwerk

Pranzaira

Druckschacht
Albigna

Valun da Murtaira

Albigna / Bergell

INFO

■ **Hin und zurück mit öV**
Mit der Rhätischen Bahn von Chur ins Engadin. Vom Bahnhof St. Moritz verkehrt das Postauto in Richtung Chiavenna. Unterhalb des Maloja-passes in Pranzaira aussteigen (Kursbuchfelder 940, 940.81 und 2958).
■ **Anreise mit dem Auto**
Mit dem Auto via Chur, Thusis und den Julierpass nach Silvaplana, von dort aus weiter über Maloja bis Pranzaira, wo in die kleine Luft-seilbahn umgestiegen wird.
■ **Idealalter**
Trittsichere Kids ab ca. 9 Jahren.
■ **Zeitaufwand**
Rund zwei Stunden Wanderzeit für den Hin- und Rückweg, inklusive Übernachtung ein Wochenende.
■ **Höhenmeter**
233 m bergauf und bergab.
■ **Verpflegung**
SAC-Hütte Albigna.
■ **Auskünfte und Prospekte**
ewz Bergeller Kraftwerke
7603 Vicosoprano
Tel. 081 822 64 14
www.ewz.ch

regenden Abgrund. Die Fahrt führt fast 1000 Meter hinauf bis an den

Querschnitt durch die Staumauer.
Coupe transversale du barrage.

ewz im Bergell

ewz produziert mit den Bergeller und Mittelbündner Kraftwerken seit bald 100 Jahren Strom in Graubün-den, versorgt damit die Stadt Zürich und deckt ungefähr einen Drittel des Stromverbrauches des Kantons Graubünden ab. ewz beschäftigt insgesamt 800 Mitarbeiter, davon sind rund 100 in Graubünden tätig.

Knapp 18 Prozent des gesamten Elektrizitätsverbrauchs der Stadt Zürich werden im Bergell erzeugt. Eine 190 km lange Hochspannungs-leitung transportiert den Bergeller Strom über den Septimerpass nach Sils im Domleschg und weiter nach Zürich.

Die Energie

ewz à Bergell

ewz, qui produit depuis bientôt 100 ans du courant provenant des Grisons en collaboration avec les centrales hydrauliques de Bergell et des Grisons, couvre les besoins en électricité de la ville de Zurich et d'environ un tiers de ceux du canton des Grisons. ewz occupe au total 800 employés, dont environ 100 dans les Grisons.
Juste 18 % de la totalité de la con-sommation d'énergie de la ville de Zurich sont produits à Bergell. Une ligne à haute tension de 190 km transporte le courant de Bergell par le col du Septime jusqu'à Sils dans le Domleschg et ensuite jusqu'à Zurich.

Albigna/Bergell

Fuss der Staumauer – ein Abenteuer für sich. Nach dem Kick mit der Seilbahn müssen wir die nun folgenden Höhenmeter bis zur Krone der Staumauer auf Schusters Rappen bewältigen. Für die kleine Anstrengung werden wir mit einem überwältigenden Blick auf den See und die umliegende Bergwelt belohnt.

Ein raffiniertes Stollensystem

■ Das Wasser des ewz-Albigna-Stausees wird an der Sohle der Mauer gefasst und über einen unterirdischen, fünf Kilometer langen Druckstollen zum Wasserschloss Murtaira geleitet. Von dort schiesst es durch einen Druckschacht zum 741 Meter tiefer gelegenen Maschinenhaus Löbbia. Das Besondere: Das Wasser fliesst nicht nur bergab, sondern kann zu Zeiten der Überproduktion über ein ausgeklügeltes Pumpsystem wieder zurück in den Stausee geleitet werden.

dre place et nous voilà bientôt en train de flotter au-dessus d'abîmes vertigineux. La course nous conduit presque 100 mètres en amont pour se terminer au pied du barrage. Nous devons parcourir par nos propres moyens les derniers mètres nous séparant de son couronnement. Quel panorama! Notre effort est bien récompensé.

Et maintenant, nous grimpons!

■ Nous traversons le barrage et débutons notre ascension. Le chemin est bien conçu, mais il est, par endroits, très raide et exposé. Nous nous accrochons de rocher en rocher et nous nous hissons à la force de nos mains – quelle aventure pour les enfants! Le sentier n'est pas dangereux, mais les adultes peuvent encorder les plus petits et ainsi faire de cette marche une véritable partie d'escalade! Des chaussures bien pro-

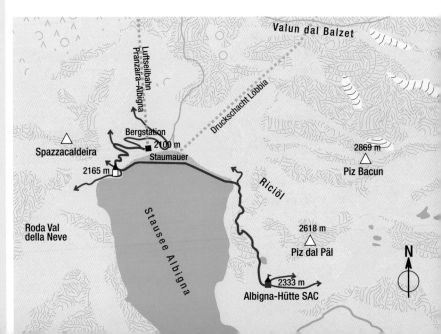

Albigna / Bergell

Rund 70 Mio. m³ Wasser hält die Albigna-Staumauer zurück.

Le barrage d'Albigna retient environ 70 mios de m³ d'eau.

Jetzt eine kleine Bergtour

■ Wir setzen unsere Wanderung über die 759 Meter lange Gewichtsstaumauer fort. Das monumentale Bauwerk hält rund 70 Millionen Kubikmeter Wasser zurück, das aus einem Einzugsgebiet von über 20 Quadratkilometern in den Lägh da l'Albigna geleitet wird. Auf der gegenüberliegenden Seite angekommen, beginnt die Bergtour auf einem schön angelegten, aber stellenweise recht steilen und exponierten Bergweg. Dabei hangeln wir uns von Stein zu Stein, auch die Hände kommen da und dort zum Einsatz – für etwas grössere Kinder (ab ca. neun Jahren) eine spannende Sache.

filées sont absolument indispensables!

■ La cabane d'Albigna est située sur un éperon de falaise à proximité du glacier. Elle offre une vue merveilleuse sur le lac de retenue et les sommets des montagnes qui l'entourent. En dessous de la cabane, un petit lac fait office de miroir, dans lequel les falaises se reflètent – un rêve pour les amateurs de photographie. La nuitée à 2333 m d'alt. constitue une aventure fantastique pour toute la famille.

■ Le lendemain, nous reprenons le même chemin pour nous rendre à la station supérieure du téléphérique.

■ Après la descente impressionnante en téléphérique, une petite randon-

Albigna / Bergell

Gefährlich ist der Weg eigentlich nicht, aber vielleicht nimmt der Papa die Kleinen trotzdem ans Seil? So wirds eine richtige Klettertour! Griffige Schuhe sind hier ein absolutes Muss!

Der Höhenunterschied bis zur SAC-Hütte ist erträglich und dank der Kraxelei auch für unsere Kids spannend – Gejammere ist eher selten. Die Albigna-Hütte liegt auf einem Felsvorsprung in Gletschernähe und bietet eine herrliche Aussicht auf den Stausee und die Felszacken der über 3000 Meter hohen Berge. Unterhalb der Hütte gibt es einen kleinen See, in welchem sich die Felsen spiegeln – ein Traum für jeden Hobbyfotografen. Die Übernachtung in der Alpen-Club-Hütte auf 2333 m ü. M. ist ein weiteres grossartiges Erlebnis für die ganze Familie. Hüttenromantik pur, und die Umgebung bietet viel Platz zum Spielen, Jagen und Verstecken für die Kinder. Nach einer urigen Hüttennacht kehren wir am nächsten Morgen auf dem gleichen Weg zurück zur Bergstation der Seilbahn.

Hoch über dem Albigna-Stausee.
Bien au-dessus du lac de retenue.

née délassante menant de la centrale hydraulique de Löbbia à Casaccia s'impose. Nous prenons donc le car postal qui conduit à Löbbia. De là, nous suivons la route menant à la

Himbeerschmaus zum Schluss

Nach der erneut sehr spannenden Talfahrt lohnt sich noch eine kleine und kaum anstrengende Wanderung vom ewz-Kraftwerk Löbbia nach Casaccia. Hierzu fahren wir zuerst mit dem Postauto nach Löbbia hinauf (Halt auf Verlangen). Wir spazieren auf der Teerstrasse direkt zum Kraftwerk hinunter, wo wir von einer Galerie aus durch die Fenster ins

Fahrt mit dem ewz-Bähnchen.
La course en téléphérique.

Albigna / Bergell

Qualitätszeichen naturemade

naturemade heisst das neue Qualitätszeichen für Strom aus erneuerbarer Energie; es wird vom Verein für umweltgerechte Elektrizität (VUE) verliehen. Getragen wird der VUE von WWF Schweiz, von Pro Natura, vom Konsumentenforum Schweiz sowie von den führenden Energieversorgungsunternehmen und Ökostromverbänden.

Sämtliche ewz-Kraftwerksanlagen in Graubünden tragen das Zertifikat naturemade basic, welches für Strom aus erneuerbaren und nahezu CO_2-freien Quellen bürgt.

Label de qualité naturemade

naturemade est le nouveau label de qualité pour le courant provenant d'énergies renouvelables; il est attribué par L'Association pour une électricité respectueuse de l'environnement (VUE). Cette dernière est soutenue par le WWF, Pro Natura, le forum des consommateurs suisses ainsi que par les entreprises électriques de tête et les associations écologiques.
Toutes les installations hydrauliques des ewz dans les Grisons, portent le label naturemade basic, qui se porte garant pour un courant électrique provenant de sources d'énergie renouvelables et pratiquement libres de CO_2.

Fotos: Ronald Gohl

Albigna/Bergell

Oben: Bergsee bei der Hütte.
Unten: Durch Fels und Stein.

Haut: petit lac près de la cabane.
Bas: un chemin scabreux.

Innere sehen können. Drei grosse Turbinen und eine Speicherpumpe verrichten hier ihre Arbeit. Wir überqueren das Wehr und tippeln auf der gegenüberliegenden Seite des Ausgleichsbeckens hinauf nach Casaccia. Auf dieser Seite des Maira-Baches finden wir viele tausend Himbeerstauden – guten Appetit!

centrale hydraulique. Nous traversons son site, l'œil curieux, et grimpons de l'autre côté du bassin de compensation en direction de Casaccia. Cette rive de la Maira abrite des milliers de framboisiers qui nous invitent à une délicieuse cueillette – bon appétit!